U0567889

赢在组织

彭剑锋
薛冬霞
著

中国人民大学出版社
·北 京·

　　中国企业与企业家为什么要学中共党史？如何学有所思、学有所悟、学有所得？中国企业要做大做强并成就百年基业，如何从中国共产党百年不衰的基因与智慧中去汲取力量？中国共产党为什么能？中国共产党赢在哪里？笔者认为，中国共产党赢在组织，赢在独特的组织能力优势。中国企业与企业家要向中国共产党学习，首先应该向中国共产党学习组织能力建设。

　　2021年7月1日，是中国共产党百年华诞。在坎坷辉煌的世纪征程中，中国共产党以全心全意为人民服务为宗旨，紧紧依靠人民，跨过一道又一道沟坎，已经由一个初创时只有50多名党员的小党成长为拥有9 000多万名党员、长期执政的世界第一大党，并引领中国人民从站起来、富起来到强起来，探索出一条具有中国特色的生气勃勃的民族复兴道路，也因此成为全球最大、最具有生命力和凝聚力的政党组织。

　　中国共产党为什么百年不衰？为什么面对各种艰难曲折，依然能不断壮大、屹立不倒？为什么历经无数风雨，依然能朝气蓬勃、奋勇向前？为什么走过弯路、受过挫折、犯过错误，依然能自省、自我纠错，最终赢得人民拥护，获得民众爱戴？

对这些"为什么"，许多中外专家都在探索，都想搞清楚中国共产党的成功密码。

如果要用一句话概括中国共产党百年不衰的奥秘，笔者认为那就是：中国共产党赢在组织，赢在强大的组织能力建设上！

百年来，中国共产党的组织能力建设一直是党的建设的重要方面，并贯穿于党的发展的整个过程。

中国共产党的组织能力建设凝结着几代中国共产党领导人管党治党的思考和智慧，并形成了具有自身特点的优良传统、宝贵经验和管理智慧。

中国共产党的组织能力建设也成为党的发展的独特优势，为党的持续发展和壮大提供了强有力的保障，也是党能永葆风华的关键所在。

中国共产党的组织能力优势首先是有毛泽东思想作为指导，它是中国共产党百年发展活的灵魂和不竭的智慧源泉。

毛泽东思想既体现在活的灵魂——实事求是、群众路线、独立自主，又体现在新民主主义革命的三大法宝——统一战线、武装斗争、党的建设，还体现在党的三大优良作风——理论联系实际、密切联系群众、批评和自我批评。它们既是中国共产党过去组织建设和发展的经验总结和智慧结晶，还将在未来指导和引领中国共产党前行和探索。

当下，中国企业正处于高度不确定的复杂时代，也面临着从追求发展速度到追求发展质量、从机会导向到战略导向、从信息化到数智化的转型升级，而要成功转型升级，组织能力建设将是一个不得不面对的课题。

回望中外企业发展史，可以看出，很多企业并非死于没有抓住战略机会，没有判明科技趋势，而是组织能力无法支撑组织要求。比如诺基亚、摩托罗拉，这两个曾经家喻户晓的企业之所以陨落，不是因为没有看到移动互联网时代手机的智能化发展趋势，不是因为舍不得投入资金研发，也不是因为组织人才不够优秀，而是因为过去的成功带来了强大的思维定式和组织惯性。当新的技术和产品潮流来临，需要它们调整在功能型手机时代所形成的组织惯性时，它们懒于组织变革，无法调整组织的航道，无法建设起与战略转型相匹配的新组织文化，以及培养起新的组织能力，导致最终走向没落。

在改革开放前三十年，中国企业，尤其是民营企业抓住了中国在 20 世纪 80 年代资源短缺、90 年代步入市场化，进入 21 世纪后走向全球化的机遇，通过迅速开拓市场，获取客户，加上中国广阔的市场空间，获得了可观的利润，野蛮地生长了起来。

业绩遮百丑。这种快速成功让很多民营企业忽略了自身组织能力的建设。因为即使企业有问题，只要还在高速发展，这些问题就只是小痛小痒，不会从根本上危及企业的健康。

但是现在情况发生了变化。经过几十年的快速发展之后，几乎没有一个行业不是一片红海。钱难赚，成为企业家的普遍共识。企业想生存得好一点、久一点，不仅要有好的产品、营销、创新，更需要深厚的内功，即企业的组织能力，或者说企业的组织能力就是土壤，产品、营销、创新、供应链等都是在土壤上开出的花，没有肥沃的土壤，就没有绚烂之花。

遗憾的是，很多企业没有看到或者没有充分认识到这一点。不少老板往往会认为企业发展得不理想，不是自己能力不行，也不是自己的战略不好，而是团队不行，要是从外面引入一位"高人"，一切问题就可以迎刃而解。就像很多餐饮老板会认为，只要从海底捞挖到一名店长，自己的业务就会有根本性改变。其实，这种想法并不现实。因为再优秀的人也需要合适的工作和成长环境。如果没有对店长的授权和激励，没有对员工的深切关怀，没有一线员工服务能力的提升，单靠店长一人的力量是无法实现和支撑一家餐饮门店的高翻台率和高利润率的。

盐碱地里很难长出甚至长不出好庄稼。社会心理学家库尔特·勒温提出的场论认为：人是一个复杂的能量系统，他的行为只能在一定的时间和空间中产生，并且受到内部动力和外在环境的影响。其用函数关系式来表达就是：

$$B = f(P，E)$$

式中，B 为个人行为，它直接决定着个人绩效的高低；P 为个人的内部动力，主要是想做事的意愿和与此相适应的素质能力等方面的要素；E 为外部环境刺激，涉及所处的环境、关系、配合、协同、资源支持等方面的要素；f 则表示一种函数关系，即各种力量之间的相互作用。

勒温的场论可以在很大程度上解释为什么很多企业不惜重金挖来了人才，这些人才却并没有创造出组织所期待的成果，甚至很难在组织中存活。

1990 年，普拉哈拉德和加里·哈默在《哈佛商业评论》上发表《公司的核心竞争力》一文，首先提出"核心竞争力"的概念，他们认为一个组织的核心竞争力实际上是隐含在核心产品中的知识和技能，以及协调和整合这些知识和技能的能力，这种能力的一个非常重要的特点就是组织化。所谓组织化就是组织的所有要素、系统相互融合成为一个有机的整体，而不是游离于组织系统之外，它们最终形成合力，成为组织的核心能力。比如华为认为：认真负责和管理有效的员工是华为最大的财富。也就是说，一个员工不管他有着多高的才华，如果他不认真负责，也不能被有效管理，就不是华为的最宝贵财富。

英雄所见略同。人力资源管理领域的大师戴维·尤里奇更是在《赢在组织：从人才争夺到组织发展》一书中提出了企业成功的公式，他认为企业成功取决于战略思维和组织能力两个要素，用公式表达就是：

企业成功 = 战略思维 × 组织能力

战略思维是组织前进的导航仪，它关注组织如何在未知和动荡的世界中找到正确的方向、目标和机会。组织能力是人才、文化、制度和流程等要素在有机融合之后形成的力量。两个要素之间是相乘关系，也就是任何要素的短板都会在相当大的程度上影响企业的成功。

尽管这个公式没有说明哪个要素更为重要，但在戴维·尤里奇看来，在 VUCA（volatile, uncertain, complex, ambiguous，即易变、不确定、复杂、模糊）时代，企业面对的是日趋复杂、多变、随机的经营环境，企业的竞争优势更多地来源于组织而非战略，因为组织的战略可能需要根据技术、外在环境的不断变化而动态调整，从而很难让组织获得持久的竞争力。然而组织能力则是相对稳定的，并且可以持续敏捷进化，以适应新的环境，它需要时间积累才能形成和不断完善。另外，从两者的力量来源来说，战略可以借助外脑，但组织能力却必须依靠内部资源。

《高效能人士的七个习惯》的作者史蒂芬·柯维说：任何事物都需要经过两次创造才能真正实现，第一次是头脑中的创造，第二次是现实中的创造。只有经过现实的创造，创造才算完成。比如，要建造一座大楼，图纸设计是第一次创造，而工人用钢筋、水泥和沙子真正把它盖起来，大楼才算真正建造好，这才完成了第二次创造。

我们中国的不少民营企业家，似乎从来不缺第一次创造的能力，但是在第二次创造方面却显得力不从心。因为第一次创造可以天马行空，肆意想象，但是第二次创造却需要脚踏实地，着眼细节，需要日复一日地打磨，方能"强筋健骨"，它就是企业组织能力的体现。

回顾中国很多企业的成败史，我们会发现许多企业都有过非常宏大的战略，然后迅速招兵买马，呼啸而起。但是再伟大的使命、愿景、目标，都需要组织和管理层面的落实，才能从想法变成现实。没有组织能力的支撑，清代孔尚任在《桃花扇》中所言的"眼看他起朱楼，眼看他宴宾客，眼看他楼塌了"的故事就会不断上演。

为什么中国的中小企业做不大、做不强，有些大企业也是大而不强？主要原因不是企业家没有抓住风口和机会。其实中国企业家抓机会、抓风口的能力非常强，只是他们往往仅依赖企业家的个人能力，没有建立团队，没有打造一个有凝聚力和整体作战力的组织。这就导致做到一定规模以后，企业的成长就受制于企业家的有限的生命时间和有限的精力。如果企业家不能致力于构建一个不依赖于个人的组织，不能带领企业完成从机会成长到组织成长、从依靠个人能力到依靠组织能力的转型升级，企业的成长就会止步不前，进而越做越艰难。

笔者根据对企业多年的观察，发现中国企业组织能力的短缺，主要表现在以下 10 个方面：

1. 老板随意拍脑袋决策，企业只有个人智慧，没有群体智慧

老板随意拍脑袋决策，听不进别人正确的意见，盲目决策，导致企业经营一地鸡毛，老板成为救火队队长，天天到处救火，陷入处理日常事务之中。企业没有稳定的高层领导团队，只靠老板一个人的能力和智慧，没有人帮老板动脑筋思考组织的未来，也没有人帮老板承担责任、采取行动，整个组织形成不了群体智慧，更谈不上团队领导力。有的企业家甚至一天二十四小时电话不敢关机，出来上两天课，频繁出去接打电话处理企业事务，企业的管理和运行主要靠老板的个人能力。

2. 组织没有建立理性权威

企业不是依靠组织机制与制度去选人、用人，而是靠人治，依赖几个能人。整个组织因为没有建立理性权威，没有建立组织约束力，所以往往出现几个能人凌驾于组织之上，除了老板能管以外，整个组织对这些人及其团队没有约束力的情况。企业发展到一定程度以后，甚至会出现能人跟老板叫板、让老板无可奈何的情况，因为企业依靠的是能人的个人能力，能人一走，带走市场、带走客户，企业就得崩盘。

衡量一个企业好不好、有没有组织能力，关键看它的人才机制能不能使得优秀人才不断脱颖而出。优秀人才层出不穷，同时，组织有组织纪律、有团队约束力，企业就不怕能人跟组织叫板、跟老板叫板，任何一个人都不能凌驾于组织之上。

3. 知识个人化，知识与经验难以积累与共享，最优实践不能有效复制

一个企业的组织能力体现在个人知识的公司化，企业内部的信息知识可以共享，最优实践能够得到有效的学习和复制。很多企业是知识与经验个人化，人一走就带走知识、带走经验，个人知识没有转化成公司的公共知识；知识与经验难以在组织中积累、复制、共享；企业的最优实践不能有效复制，优秀的文化基因很难传承；个人不能通过组织的共享知识信息平台，去放大自身的人力资源效能。

科学管理的核心，是要实现管理的最优化、简单化、规范化、标准化和可复制化。这既是科学管理的基础，也是组织能力建设的基础。基于最优实践的总结提炼，实现最优实践的简单化、规范化、标准化，然后实现最优实践的可复制化。一个企业的组织能力不是凭空造出来的，而是建立在知识、经验以及最优实践不断累积的基础之上的。

4. 组织内部不协同，山头林立

组织能力短缺的第四个表现是，企业的高端人才，尤其是企业的中高层干部，没有全局意识，不能基于企业整体发展去实现有效的内部协同，而是各自为政，山头林立。这将造成企业内耗严重，导致内部交易成本过高。在这种情况下，一个企业看上去"肥胖"，但是不强壮，内部是一盘散沙，攥不成拳头。企业只是个体户的集中营，缺乏组织凝聚力。

组织能力建设，能够把企业内部的各种资源要素、能力要素攥成拳头，能够形成合力。解放战争初期，国民党军队有400多万人，解放军只有100多万人，为什么最终武器精良的国民党军队打不过"小米加步枪"的解放军？因为中国共产党军队讲协同，有全局意识。国民党军队不协同，是手指全散开来的一个巴掌，看上去张牙舞爪，实际上攥不成拳头，没有多少整体战斗力。国民党内部各自为政，山头林立，谁都指挥不动，尤其是彼此之间不能产生协同价值，文化不能融合，有各自的利益，不能做到力出一孔。

5. 总部不能为个人赋能，一线单打独斗，综合作战能力弱

企业组织能力的不足，体现在总部没有专业能力，没有集中配置资源的能力，没法发挥整体的资源优势，不能为各业务线、各一线团队赋能，不能提高一线的综合作战能力，导致一线单打独斗，综合作战能力弱。

很多企业总部对下是一种强管控，约束了下面组织的活力。总部只是为管而控，而不能利用总部的优势去集中配置资源，去提高总部的系统作战能力。华为为了提高"作战"能力，学习美军。学什么？美军在20世纪八九十年代为适应信息战、立体战的需要，实现养兵与用兵分离。养兵的核心是要专业化，是要提高每个士兵打仗的专业化能力。用兵是要把合适的人放在合适的"铁三角"中，让他们去打胜仗，去呼唤炮火，集成作战能力，从而大大提高一线的综合作战能力。华为"铁三角"的运行，就能够使一线员工获得总部和区域总部的专业能力支持和资源支持，能实现资源和能力的集成，所以总部的赋能能力和资源配置能力很强，一线的综合作战能力也很强。

6. 组织出现智障，外部反应力与自我变革能力差

现在很多企业未老先衰，组织不学习，没有危机感，出现了组织智障，对外部反应迟钝，自我变革能力差。企业的组织能力应该体现为有一个共同的学习机制，能树立起危机意识，自动对外部环境的变化做出反应，主动破除组织智障。

7. 组织人均效能低，核心竞争力短缺

很多企业的组织能力不足体现在机构臃肿，层级过多，人浮于事，人均效能低。很多企业的生存，往往是靠政策红利或者游走于法律边缘的红利，而没有真正形成独特的核心专长与技能。这种企业或许规模很大，但缺乏核心技术，盈利能力差，核心竞争力短缺。

8. 企业成长随大流、撞机会，不具备抗风险和逆周期生存能力

以组织能力取胜是基于企业的长期价值主义。企业坚持长期价值主义自然会培育出抗经济波动、逆周期生存的能力，也就是说，遇到大危机、大的经济波动，企业的"免疫力"很强，自身所储备的"脂肪"很多，能够耗得起。

在经济下行期和大危机面前，很多随大流、撞机会的企业，没有免疫力、组织能力差，可能都熬不过去、活不下去。只有组织能力强，具有逆周期增长的能力，企业才能实现逆势成长。企业的组织能力，体现在它的生存和发展不是靠随大流、撞机会，而是靠系统思考、靠内在集聚的能量来度过冬天。

9. 组织没有危机感，员工奋斗精神衰竭，组织懒散惰怠

组织成员没有危机感，自我感觉太好。老板压力巨大，但员工感受不到外部市场压力，整个组织没有紧张感。员工懒于提出挑战性目标，不愿到艰难市场、艰苦地方去工作。许多干部官僚化，不再深入一线，热衷搞形式主义。组织懒散，不再有奋斗精神，表现为一线战斗力下降，屡打败仗。

10. 企业没有战略共识，价值观不统一，基于价值观的领导力短缺

企业家对未来发展没有系统思考，没有清晰的愿景与目标，高层"同床异梦"，目标追求各异，难以引领和凝聚员工朝着共同目标努力，组织成员不能力出一孔，利出一孔。

中国企业发展到今天，已经过了靠着一个爆款产品、靠着铺天盖地的广告营销攻城略地、包打天下的时代。

孙子在两千多年前就曾说："故善战者之胜也，无智名，无勇功，故其战胜不忒。不忒者，其所措必胜，胜已败者也。故善战者，立于不败之地，而不失敌之败也。是故胜兵先胜而后求战，败兵先战而后求胜。善用兵者，修道而保法，故能为胜败之政。"意思是真正善于打仗的人，没有智慧过人的名声，也没有勇武盖世的战功，他能打胜仗，只在于善于谋划、制定出能够取胜的措施，他所战胜的是已经注定失败的敌人。所以善于打仗的人，不但使自己始终处于不被战胜的境地，也决不放过任何可以击败敌人的机会。打胜仗的军队总是在具备了必胜的条件之后才交战；而打败仗的部队总是先交战，在战争中企图侥幸取胜。善于用兵的人，潜心研究制胜之道，修明政治，坚持制胜的法制，所以能够主宰胜败。总之，要取胜，基本面要做得足够扎实，这样才能在变幻莫测的环境中取得胜利。

商场如战场。对组织来说，要取得胜利，也需要夯实基本面，尤其在企业度过创业期，到了发展期阶段更是如此。没有强大的组织能力，就会无法支撑组织的快速发展，企业的业务发展与规模扩张就没有了根基。企业的较量最终是组织能力的较量。

在危机面前，很多没有免疫力、组织能力差的企业可能就熬不过去；而那些组织能力强，具有抗风险和逆周期生存能力的企业才能实现逆势生长。

大多数的成功都需要经历磨砺，组织能力建设也不例外。一方面，它需要长期的投入，包括企业家资源的投入、时间的投入等；另一方面，还需要企业家不断学习，并不断超越自我。

如今，越来越多的企业家已经认识到组织能力建设的重要性。但是如何建设组织能力？很多企业家感到很迷茫，感觉对于组织能力建设找不到抓手，似乎组织能力什么都包括了，又什么都不包括。

针对企业家的迷茫和困惑，笔者总结了中国共产党的组织管理智慧与能力建设实践经验，希望能为中国企业的组织能力建设提供一个重要的标杆和榜样。我们也相信如果企业能把中国共产党组织能力建设的理念和做法与企业实践融会贯通，中国的企业也会变得更加强大、更加具有全球竞争力。

本书将从 10 个方面探讨中国共产党的组织能力建设，以期对企业家有所启发，对企业的发展有所裨益。

目录

明确而坚定的组织
使命与宗旨

一个组织能不能始终充满激情，富有感召力与凝聚力，首先是要看是否有明确而坚定的使命与宗旨。

使命是一个组织存在的理由和价值。它首先要回答为谁服务、为谁创造价值的问题。使命让人方向一致、目标明确，力出一孔，利出一孔，让组织产生巨大的凝聚力；使命让人产生激情，激发人的潜能和创造力，促使人奋不顾身地去追求和实现心中的梦想和目标。"要让战士爱打仗"，首先要让战士知道为什么要打仗、为谁打仗、打仗的意义和价值是什么，一旦让战士富有使命感地去打仗，他一定不怕死，一定奋不顾身。

中国共产党首先是一个不忘初心、牢记使命的组织，其根本宗旨是：全心全意为人民服务。这可以说是全世界最简洁、最接地气、最具有号召力和凝聚力的组织宗旨的表达。只要全心全意，而不是三心二意、半心半意，就能获得人民充分的信赖、全力的支持、衷心的拥护。正如习近平总书记在党史学习教育动员大会上指出的："历史充分证明，江山就是人民，人民就是江山，人心向背关系党的生死存亡。"

一、为中国人民谋幸福，为中华民族谋复兴

中国共产党在成立之初就确定了自己的使命是为中国人民谋幸福，为中华民族谋复兴。在此后的百年历程中，中国共产党始终坚守人民情怀，胸怀千秋伟业，为人民，也依靠人民，最终在人民的帮助和支持下，从弱小走向强大。

（一）为人民奋斗

早在 1922 年 9 月，党的早期理论家恽代英就在《民治运动》中提出了"为人民的奋斗"："我们为人民的奋斗，总要有人民的联合，在背后作有力的后援。"

1922 年，彭湃就已经在广东地区组织农会，团结农民的力量。1924 年后，广东各县开始广泛建立农民协会，组织农民自卫军，开展对土豪劣绅和贪官污吏的斗争，尤其是农民运动讲习所的成立，为北伐战争培养了大批农民运动骨干。

1925 年，由党领导的直接反抗帝国主义的五卅运动，促进了群众的觉醒，也让党认识到工人阶级的力量。

正是经由五卅运动，中国共产党开始从秘密的小政党向无产阶级群众性的大党迅速发展，党员从 1925 年初的不足 1 000 人发展到年底达到 1 万人，一年内党员人数迅猛增加，不少原来没有党组织的地方也建立了党组织。

1927 年 8 月 1 日凌晨，周恩来、贺龙、叶挺、朱德、刘伯承等率领党所掌握和影响的军队在南昌发动起义，打响了武装反抗国民党反动派的"第一枪"。南昌起义标志着中国共产党独立领导革命战争、创建人民军队和武装夺取政权的开端，开启了中国革命的新纪元。这也让共产党早期的领导人认识到实行土地革命，建立农村根据地，依靠人民的力量，中国革命才能取胜。

1931 年，中华苏维埃第一次全国代表大会在江西瑞金召开。这次会议对人民拥有的权利进行了确定，比如女子拥有与男子同等的权利，并且让人民群众享有最广泛的民主权利，还颁布了一系列的法律法规来保障人民权利，比如组织法和选举法，极大调动了广大群众的革命参与热情。

中国共产党不仅促进人民的觉醒、领导人民群众，也爱护人民群众。1934年，三位女红军经过湖南汝城县沙洲村，借宿徐解秀老人家中。女红军战士看她很穷，临走时，就把她们唯一的一条被子剪开，把一半留给老人，还告诉她，等革命胜利的时候送一条被子给她。这段往事让徐解秀老人铭记了一辈子。她说，什么是共产党？共产党就是自己有一条被子，也要剪下半条给老百姓的人。

1944年9月，共产主义战士张思德带领战士们在陕北安塞县执行烧炭任务时，即将挖成的窑洞突然塌方，他奋力把战友推出洞去，自己却被埋在窑洞，牺牲时年仅29岁。在他的追悼会上，毛泽东发表了《为人民服务》的著名讲演。他说："我们的共产党和共产党所领导的八路军、新四军，是革命的队伍。我们这个队伍完全是为着解放人民的，是彻底地为人民的利益工作的。……因为我们是为人民服务的，所以，我们如果有缺点，就不怕别人批评指出。"

在党的七大上，毛泽东在《论联合政府》中强调："我们共产党人区别于其他任何政党的又一个显著的标志，就是和最广大的人民群众取得最密切的联系。全心全意地为人民服务，一刻也不脱离群众；一切从人民的利益出发，而不是从个人或小集团的利益出发；向人民负责和向党的领导机关负责的一致性；这些就是我们的出发点。"

在这次会议上，刘少奇在《关于修改党章的报告》中概括了群众路线的基本内容，主要是：一切为了人民群众的观点，全心全意为人民群众服务的观点；一切向人民群众负责的观点；相信群众自己解放自己的观点；向人民群众学习的观点。

中共七大通过的党章增加了"总纲"部分，其中明确规定："中国共产党人必须具有全心全意为中国人民服务的精神，必须与工人群众、农民群众及其他革命人民建立广泛的联系，并经常注意巩固与扩大这种联系。"

此后，尽管党章历经多次修改，但是"全心全意为人民服务"都毫无例外地作为党的根本宗旨写入党章。

（二）以人为本，从最广大人民根本利益出发谋发展、促发展

在中共八大上，邓小平在《关于修改党的章程的报告》中对党的群众路线作出新的概括，其中讲道：人民群众必须自己解放自己，党的全部任务就是全心全意地为人民群众服务。后来他还创造性地把"为人民服务"的丰富内涵和要求具象化为"人民满意论"：把人民拥护不拥护、人民赞成不赞成、人民高兴不高兴、人民答应不答应作为工作的根本衡量尺度，也就是说，只有让人民拥护、赞成、高兴、答应，才能说为人民服务的思想树得牢、为人民服务的工作做得好。

在改革开放和社会主义现代化建设过程中，邓小平指出，一个革命政党，就怕听不到人民的声音，最可怕的是鸦雀无声。他说："群众是我们力量的源泉，群众路线和群众观点是我们的传家宝。党的组织、党员和党的干部，必须同群众打成一片，绝对不能同群众相对立。如果哪个党组织严重脱离群众而不能坚决改正，那就丧失了力量的源泉，就一定要失败，就会被人民抛弃。"

在1989年11月召开的中共十三届五中全会上，面对中国社会出现的新问题，江泽民及时指出："近几年来，不少同志头脑中的群众观念明显地淡漠了，同群众的联系明显地削弱了，不倾听群众意见、不关心群众疾苦等脱离群众的官僚主义、命令主义现象，损害和侵犯群众利益的以权谋私、贪污受贿、腐化堕落等违法乱纪现象，在一定范围内发生了，有的达到非常严重的程度，引起了广大群众的强烈不满。在一些地方和单位，党群关系、干群关系很不协调，有的搞得很紧张。这种状况，严重妨碍了党的正确路线的贯彻执行，严重损害了党的形象和声

誉，必须引起我们的高度警惕和重视。"

中共十四大以后，江泽民再次强调："所有的领导干部，都是人民的公仆，绝不能高居群众之上，而要始终置身群众之中，时刻心系群众，坚定地相信和依靠群众，倾听群众的呼声。越是困难的地方，越是群众意见多、矛盾集中的地方，领导干部越要到那里去。"

进入 21 世纪，在改革的推动下，人民对生活有了新的诉求，胡锦涛指出："在坚定不移推动发展的过程中，我们要不断深化对发展中国特色社会主义的规律性认识，必须更加注重以人为本，坚持从最广大人民根本利益出发谋发展、促发展，加快推进以改善民生为重点的社会建设，不断满足人民日益增长的物质文化需要，走共同富裕道路，促进人的全面发展，做到发展为了人民、发展依靠人民、发展成果由人民共享。"

（三）坚持一切为了人民、一切依靠人民

党的十八大以来，以习近平同志为核心的党中央提出以人民为中心的发展思想，坚持一切为了人民、一切依靠人民，始终把人民放在心中最高位置、把人民对美好生活的向往作为奋斗目标，推动改革发展成果更多更公平惠及全体人民，推动共同富裕取得更为明显的实质性进展，把 14 亿多中国人民凝聚成推动中华民族伟大复兴的磅礴力量。

中国共产党人的初心和使命，就是为中国人民谋幸福，为中华民族谋复兴。2012 年 11 月 29 日，习近平总书记在参观《复兴之路》展览时指出："每个人都有理想和追求，都有自己的梦想。现在，大家都在讨论中国梦，我以为，实现中华民族伟大复兴，就是中华民族近代以来最伟大的梦想。这个梦想，凝聚了几代中国人的夙愿，体现了中华民族和中国人民的整体利益，是每一个中华儿女的共同期盼。历史告诉我们，

每个人的前途命运都与国家和民族的前途命运紧密相连。国家好，民族好，大家才会好。"

人民对美好生活的向往就是中国共产党的奋斗目标。2013年12月26日，习近平总书记在纪念毛泽东同志诞辰120周年座谈会上指出："党的一切工作，必须以最广大人民根本利益为最高标准。检验我们一切工作的成效，最终都要看人民是否真正得到了实惠，人民生活是否真正得到了改善，人民权益是否真正得到了保障。面对人民过上更好生活的新期待，我们不能有丝毫自满和懈怠，必须再接再厉，使发展成果更多更公平惠及全体人民，朝着共同富裕方向稳步前进。"

坚持以人民为中心的发展思想，坚持发展为了人民、发展依靠人民、发展成果由人民共享。2016年7月1日，习近平总书记在庆祝中国共产党成立95周年大会上指出："全党同志要把人民放在心中最高位置，坚持全心全意为人民服务的根本宗旨，实现好、维护好、发展好最广大人民根本利益，把人民拥护不拥护、赞成不赞成、高兴不高兴、答应不答应作为衡量一切工作得失的根本标准，使我们党始终拥有不竭的力量源泉。"

人民是我们党执政的最大底气，是共和国的坚实根基，是强党兴国的根本所在。2016年10月21日，习近平总书记在纪念红军长征胜利80周年大会上指出："历史是人民创造的，英雄的人民创造英雄的历史。今天中国的进步和发展，就是从长征中走出来的。""长征胜利启示我们：人民群众有着无尽的智慧和力量，只有始终相信人民，紧紧依靠人民，充分调动广大人民的积极性、主动性、创造性，才能凝聚起众志成城的磅礴之力。""中国共产党之所以能够发展壮大，中国特色社会主义之所以能够不断前进，正是因为依靠了人民。中国共产党之所以能够得到人民拥护，中国特色社会主义之所以能够得到人民支持，也正是因为造福了人民。"

中国共产党的奋斗目标，必须紧紧依靠人民来实现。2017年10月18日，习近平总书记在党的十九大报告中指出："使命呼唤担当，使命引领未来。我们要不负人民重托、无愧历史选择，在新时代中国特色社会主义的伟大实践中，以党的坚强领导和顽强奋斗，激励全体中华儿女不断奋进，凝聚起同心共筑中国梦的磅礴力量！"

永远保持同人民群众的血肉联系，始终同人民想在一起、干在一起，风雨同舟、同甘共苦。2017年10月18日，习近平总书记在党的十九大报告中指出："全面从严治党永远在路上。一个政党，一个政权，其前途命运取决于人心向背。人民群众反对什么、痛恨什么，我们就要坚决防范和纠正什么。"

（四）全心全意为人民服务深深融入血脉和灵魂

在希腊神话中，有个叫安泰的巨人，他是海神波塞冬和大地女神盖娅所生的儿子。他只要身不离地，就会力大无比，所向披靡，而一旦脱离大地，就只能束手就擒，坐以待毙。他的敌人就紧紧抓住他这个弱点，设法诱使他脱离地面，最终击败了他。刘少奇曾引用这个故事指出："我们党必须和广大群众保持密切的联系，如果和群众联系不好，就要发生危险，就会像安泰一样被人扼死。"

可以说，中国共产党在百年历程中，一直践行着全心全意为人民服务的根本宗旨，一直把密切联系群众作为党的最大政治优势，一直把人民看作党的工作的"最高裁决者和最终评判者"，一直保持着与人民的血肉联系，一直坚持以人民为中心的价值取向和道德要求，正因如此党才能不断蓬勃发展。

回望中国共产党的百年发展史，可以说，"全心全意为人民服务"

已经深深融入共产党人的血脉和灵魂，成为共产党人始终恪守的忠实信条、代代相传的思想基因、奋斗不息的精神动力。

什么时候坚持了全心全意为人民服务的根本宗旨，就能得到老百姓的拥护与支持，党和国家就能获得蓬勃发展；什么时候违背了全心全意为人民服务的根本宗旨，就会给党和人民带来灾难。中国共产党已走过百年奋斗历程，每个中国共产党人都应更加真挚地叩问：我是否践行了全心全意为人民服务的根本宗旨？

（五）全心全意为人民服务的具体体现

1. 不脱离人民群众，深深地扎根于人民群众

一切工作都要深入群众，广泛地进行调查研究，了解群众的意愿和主张，脱离人民群众的官僚主义、形式主义行不通。例如，毛岸英从苏联学成回到延安，他与父亲毛泽东已经十多年没有见面，结果父子两人只在一起吃了两天饭，毛泽东便要毛岸英到机关食堂吃大灶，并让他到当时著名的劳动模范吴满有家学种地，上"劳动大学"。在补上"劳动大学"这一课后，毛岸英又先后在解放区搞过土地改革，做过宣传工作，当过秘书，还担任过工厂的党委副书记。而他其实在苏联已经是一名具有一定军事指挥才能的成熟军人。同样，1969 年，15 岁的习近平到陕北梁家河插队，在这里担水、挖地、种粮，做农技员，做赤脚医生。正是这种扎根于人民的实践，让习近平 22 岁离开黄土地时，已经有着坚定的人生目标，充满自信。

2. 关照群众利益

人民利益大于天，中国共产党能实实在在关照群众利益。习近平总书记指出："我们党没有自己特殊的利益，党在任何时候都把群众利益放在第一位。这是我们党作为马克思主义政党区别于其他政党的显著

标志。"

为什么中国历史上绝大多数的农民起义都失败了？从秦朝的陈胜、吴广起义，到 19 世纪的太平天国运动，农民起义达数百次，但是最终能取得成功、建立政权的，不过寥寥数次，绝大多数以失败告终。以太平天国运动为例，洪秀全等人于 1851 年在广西金田村发动反抗清朝的武装起义，打着"天下一家，共享太平""无处不均匀，无人不饱暖"的口号，吸引了大批农民参加。刚开始起义军风头强劲，短短两年，就从广西北上攻占南京，并在此建都，改为天京，建立太平天国。其颁布的纲领性文件《天朝田亩制度》规定了"凡天下田，天下人同耕"和"无处不均匀"的原则，以户为单位，不论男女，按人口和年龄平均分配土地。

我们暂且不讨论"有田同耕，有饭同食，有衣同穿，有钱同使，无处不均匀，无人不饱暖"这种想法的合理性，但毫无疑问这样的纲领说明起义者深受封建主义剥削的切肤之痛，以及把农民从剥削、压迫中解放出来的朴素愿望。

但是，太平天国建国后，洪秀全便自视为天下万国之主，特权思想作祟，大建宫室，穷奢极侈，"节用而爱民"沦为一句空话。另外，内斗严重。为了权力，先是洪秀全密令韦昌辉杀了杨秀清，随后韦昌辉又诛杀了石达开的全家老小，接着洪秀全又处死韦昌辉，并处处牵制石达开，最终石达开率部出走，太平天国运动由盛转衰。1864 年 7 月 19 日，天京沦陷，标志着太平天国运动的失败。

农民为什么要起义？很大程度上在于农民活不下去——或因为天灾粮荒，或因为苛捐杂税，或因为酷吏暴政，或是所有因素的叠加。总之，农民起义是想给自己找一条活路。但是起义的领袖们在起义成功、获得社会资源后，往往想的不是群众的利益，而是自己的利益。说出"苟富贵，无相忘"的陈胜，却在称王后，与人民疏远。被称为闯王的李自成，喊着"均田免赋"的口号，率领起义军一路攻城略地并攻进北京城，但是一进入北京城，他就把当初的口号抛在九霄云外，大肆搜刮民财，很快老百姓就发现闯王让日子更苦了。李自成用了 18 年的时间攻进北京城，而他在北京的统治仅仅持续了 42 天便宣告结束。

中国共产党之所以能赢得人民的爱戴与支持，在本质上是因为人民在中国共产党的领导下生活得更好了。土地革命时期，共产党提出"打土豪、分田地"的口号，让苏北地区的农民有了土地；抗日战争时期，为了更好地团结群众，提出减租减息；解放战争时期，每解放一个地方，就进行土地改革，把土地分给无地和少地的农民。

为了回应人民对美好生活的向往，面对贫困这个世界级难题，党带领人民勇敢宣战，经过几年艰苦卓绝的斗争，打赢了脱贫攻坚战。不过，在这场和平年代的攻坚战中，仍然有 1 800 多名同志牺牲。正是这种一切从人民利益出发、人民利益大于天、人民利益高于一切的实践，使党组织受到老百姓的拥护，赢得老百姓的支持和信赖。

3. 向人民群众负责任，有担当

党对人民的责任与担当，在每一次大的灾难面前都展露无遗。可以说在每一次灾难面前，共产党员都冲锋在前。1998 年长江抗洪的危急时刻，时任南京军区副司令员、抗洪抢险总指挥董万瑞中将奋不顾身，以身作则，跳入洪水抢险。

2008 年 5 月 12 日，8.0 级汶川特大地震骤然发生。地震发生后，党中央在第一时间把抗震救灾确定为全党全国最重要最紧迫的任务，迅速组织各方救援力量赶赴灾区。

2019 年末新型冠状病毒感染疫情首先在武汉暴发，全国支援湖北的 4 万多名医护人员中，56.1% 是中共党员，在抗疫斗争中 1 300 多万名党员参加志愿服务，近 400 名党员、干部为保卫人民生命安全献出了宝贵生命。这种为人民负责、为人民担当的精神，让共产党赢得了人民的支持和爱戴。

4. 相信和依靠人民群众的力量

在革命、建设、改革的每一个关键阶段、每一次重大关头，党都始终紧紧依靠人民战胜困难、赢得胜利。

大革命失败后，30 多万牺牲的革命者中大部分是跟随我们党闹革命的人民群众；红军时期，人民群众就是党和人民军队的铜墙铁壁；抗日战争时期，党广泛发动群众，使日本侵略者陷入了人民战争的汪洋大海；解放战争时期，面对国民党的经济封锁、军事封锁，共产党和当地人民群众一起开垦荒地种粮食，建设工厂搞工业，最终打破了国民党的封锁，缓解了供需矛盾，战胜了困难，渡过了难关。

新中国成立后，社会主义革命和建设的成就是人民群众实实在在干出来的；改革开放四十多年来，中国取得了令世人瞩目的成就，这是亿万人民群众身体力行践行出来的。

在 2020 年席卷全球的新型冠状病毒感染疫情中，党带领人民，靠着社会各阶层的力量，以惊人的速度在十天建成火神山医院——总建筑面积约 3.4 万平方米，病床数量为 1 000 张。同期建成的雷神山医院，总建筑面积约 8 万平方米，病床数量为 1 600 张。

5. 组织智慧来自人民群众，虚心向人民群众学习

人民群众蕴藏巨大的智慧能量，组织智慧来自人民群众。毛泽东同志曾经指出："没有满腔的热忱，没有眼睛向下的决心，没有求知的渴望，没有放下臭架子、甘当小学生的精神，是一定不能做，也一定做不好的。"

任弼时曾在 1943 年 6 月发表《共产党员应当善于向群众学习》一文，系统指出向群众学习的重要性。

今天看任弼时的文章，依然让人警醒。比如他指出，有些同志如果

不向群众学习，就只会简单地用强迫命令的官僚主义办法去完成，遇到困难也只会眼睛向上，等待办法从上面降临，而不会发挥自身的主动性和创造性。这一警示现在也并没有过时。

在向群众学习思想的指导下，抗日战争进入相持阶段后，在日军和国民党军队对陕甘宁边区的重兵包围下，我党的抗日根据地遇到了抗战以来最为严峻的经济考验。八路军三五九旅进驻作为陕甘宁边区南大门的南泥湾，一边练兵，一边屯田垦荒。不过刚开始，大家对南泥湾的生产条件并不清楚，就找当地的百姓请教，了解了南泥湾的山、水、林、路各方面具体情况，掌握了南泥湾哪里荒地多、哪里土地肥、四时八节种什么农作物好、农作物如何种植等情况。这些深入了解为南泥湾的大丰收奠定了基础，这才有了后来的"到处是庄稼，遍地是牛羊"。

中国共产党的很多政策都源于人民群众的自我探索，最有代表性的莫过于家庭联产承包责任制的土地改革。它来自安徽省凤阳县小岗村18户村民在发生百年罕见的特大旱灾后的困境突围，他们在一纸分田到户的"秘密契约"上按下鲜红的手印。生产队的土地、耕牛、农具等按人头分到了各家各户，轰轰烈烈的"大包干"由此开启。很快这样的做法被党吸收、学习、推广，随后在全国拉开了农村改革的序幕，彻底打破"一大二公"的人民公社体制，调动了农民的积极性，解放了农村生产力，解决了农民的温饱问题。

6. 强调人民群众自己解放自己

1982年，中国共产党第十二次全国代表大会通过的党章，在原有群众路线"一切为了群众，一切依靠群众，从群众中来，到群众中去"的基础上，加上了"把党的正确主张变为群众的自觉行动"，删掉了"从群众中来，到群众中去"，形成了对群众路线新的完整表述。

这表明中国共产党不仅为了群众，依靠群众，还引导群众自己发展自己，自己解放自己。共产党员在人口中只占少数，因此党只能带领和引导，而无法替代人民群众"包打天下"，人民群众蕴含着中国革命和建设的极大能量。

在电视剧《觉醒年代》中就有不少反映党的群众路线的画面，比如，李大钊向长辛店工人介绍国际劳动节的由来和八小时工作制。在革命党人的不断宣传下（中国共产党稍后正式成立，此时的革命活动属于党的早期组织领导的革命活动），工人们逐渐觉醒，成立铁路、印刷、人力车夫等各类产业工会。随着集体力量的崛起，工人们认识到他们已经发挥着越来越重要的作用，也开始认识到只能自己解放自己。

一百多年来，从建党的开天辟地，到新中国成立的改天换地，到改革开放的翻天覆地，再到党的二十大以来取得的历史性成就、发生的历史性变革，中国共产党创造出了让世界刮目相看的奇迹。这些伟大成就的取得：靠的就是始终同人民群众保持血肉联系；靠的就是始终坚持以人民为中心，一切为了人民、一切依靠人民，永远为人民利益而奋斗。

2021年7月，在庆祝中国共产党成立100周年大会上，习近平总书记发表"七一"重要讲话。全文共七千余字，"人民"一词被提及86次，成为最高频的词汇。这凸显出"人民"二字在他心中的分量，也揭示了中国共产党何以走到今天，以及它如何走向未来的力量之源。

二、使命和宗旨引领企业组织能力建设

（一）怎样办企业

1. 伟大的企业家都是伟大的梦想者和立意高远的事业目标追求者，坚持长期价值主义

企业家精神与企业文化是组织能力之魂，是企业组织能力发展不竭

的动力源泉，企业家的自我超越与团队领导力是企业组织能力建设的第一能力要素，因此只要打造出基于文化价值观的团队领导力，企业就可以聚集所有力量，从而形成强大的凝聚力与战略牵引力，实现企业家个人智慧到团队智慧、企业家个人能力到互补性团队领导力的转型升级。

要打造一个坚强、有凝聚力的高层领导团队，首先企业家要有一个伟大的梦想与事业追求目标，努力找寻到认同并相信它的优秀人才，让有才华的人觉得追随这个老板干一定能成大事，有人生意义和价值，这样就可以凝聚优秀人才全身心投入组织的事业之中。

企业家不应单一地追求挣钱发财，而应有超越利润与财富的追求。许多企业活不长、做不大的主要原因是企业家心"死"了——"死"在目标追求封顶、进取精神不足、格局小上。许多企业家小富即安，人生迷惘，只是做生意挣钱而不是做事业，没有做人做强企业的追求与格局。所以企业学中国共产党，首先企业负责人要像中国共产党那样有远大的事业追求，有崇高而接地气的使命。

未来中国企业追求的目标就是要成为世界级领先企业、产业领袖，或者成为细分领域产业隐形冠军，眼光要高远，尤其是要从短期投机逐利真正转向长期价值主义，真正为客户创造价值，为社会的文明进步、为人类对美好生活的追求做出贡献。

1994 年，华为的销售额为 8 亿元人民币，那时华为的竞争对手爱立信、诺基亚的销售额远高于此，而任正非在员工内部讲话中提出：十年后，全球通信行业三分天下，华为占其一。这样一个当时看似"胆大包天"的目标，因为有着明晰的方向和标杆牵引，如今已成为现实。

纵观全球世界级企业或隐形冠军企业的发展史可以发现，每一个优秀企业都经历了至少两次的经济周期的生存考验。只有经历数次经济周期的捶打，具备穿越经济周期健康发展的能力，持续进步的企业才是真正的可持续发展的好企业。中国企业要穿越经济周期，具备抗经济周期的可持续生存能力，对于企业家而言，最稀缺、最宝贵的价值取向与思维方式是长期价值主义。

摒弃投机与机会主义，以长期价值主义穿越经济周期，是中国企业与企业家面向未来，实现持续增长的不二选择。所谓长期价值主义，就是确立宏大而长远的目标追求，长时间为之奋斗，心无旁骛，以足够的耐心和定力，长期坚持做好心中认定的大事或事业。长期价值主义是我们这个时代最稀缺而又最宝贵的思维方式，也是企业最重要的资产。

中国社会发展到今天，为什么要倡导长期价值主义？从宏观上看，中国已成为全球第二大经济体。但单一的以GDP为核心的短期政绩价值导向，快速致富的社会文化氛围，在引领中国经济高速发展的同时，也带来了对环境的破坏、资源的粗放式投入与浪费。对物质财富增长的单一追求，导致了贫富差距的拉大、社会矛盾的激化。显然，这种经济发展方式难以持续。只有奉行长期价值主义，才能引领中国经济转换发展动能，以创新与人才驱动中国经济走出追求短期GDP规模发展的陷阱，实现中国经济的高质量发展。

从微观上看，中国企业发展到今天，要适应复杂多变的不确定环境，要提升抗经济周期的生存能力，要抓住数字化与智能化时代的战略新机遇，企业家与企业必须回归初心、回归基本价值，必须进行认知与思维的革命，而其中企业家最需要改变的地方，就是要建立长期价值主义思维。企业家要善于抓机会、顺势而为，但不能搞投机，如：急于求成、等不及、赌一把的心态，走捷径、挣快钱、捞浮财的思维惯性，盲目多元化、不专注、不聚焦的成长路径，不愿意也不舍得在人才、技术、管理这些软实力上去做长期投入，不关注产品如何真正为客户创造价值。近年来为什么那么多的上市公司爆仓？就是因为它们没有把股东的钱投资于产品与技术创新，而是拿去做房地产，去投资 P2P。许多企业实业本来做得很好，可耐不住寂寞去玩虚拟经济，结果一玩就"自残"。

因此，企业家还是要回归到长期价值主义，就是回归到客户价值，回归到企业追求长远的发展。当然中国也有少部分拥有长期价值主义的企业，如华为等企业，这使它们拥有了全球竞争力。

虽然我国许多企业把产品卖到了全世界，但真正具有全球视野和格局的企业家还是不多的，具有全球竞争力的企业总的来说是微乎其微的。2019 年《财富》世界 500 强排行榜中，上榜中国企业（含港澳台企业）数量达 129 家，超过了美国企业上榜数量。但客观来讲，绝大多数上榜的中国企业，本质上还是"500 大"，称不上"500 强"。在产品技术创新上，在参与国际标准制定上，在品牌价值与盈利能力上，中国企业与欧美企业的差距仍然很大，中国企业主要还是依靠低劳动成本优势、高资源投入，还是没有真正在技术、人才、品牌、管理这些决定企业长期发展的要素上去下功夫。这导致了长期价值主义的缺失，使许多企业做大以后，离客户越来越远，越来越失去为客户创造价值的能力及对客户需求敏捷反应的能力。众多企业还是机会导向，战略定力不足，战略不专注、业务不聚焦，盲目多元化，最后弄了个一手烂牌、一地鸡毛。

在确定性与不确定性共存的当下，中国企业只有以客户为中心，奉行长期价值主义，从机会成长转向战略成长，从野蛮成长转向文明成长，从规模成长转向品质成长，才能真正提升全球竞争力。

长期价值主义是一个常识，从专家学者嘴里说出来固然容易，但要真正去践行很难。企业的长期价值主义不是一句口号、一碗心灵鸡汤，而是企业的一种坚定信念及脚踏实地的长期价值主义行动。概括起来，长期价值主义包含以下六个方面的内涵与企业特质。

（1）长远的眼光与远大的目标追求。

首先，长期价值主义体现为长远的眼光与打算。人性的弱点往往表现为只顾眼前的利益与机会，难以有长远的打算和长期的价值追求。正如亚马逊创始人贝索斯提出的："如果你做一件事，把眼光放到未来三年，和你同台竞技的人很多；但如果你的目光能放到未来七年，那么可以和你同台竞技的人就很少了，因为很少有公司愿意做那么长远的打算。"

其次，长期价值主义体现为远大的目标追求、大乌龟般的坚实行动。正如华为创始人任正非提出来的："华为是长远的理想主义者，我们可以为理想和目标'傻投入'，我们可以拒绝短视和机会主义。华为就是一只大乌龟，二十多年来，只知爬呀爬，全然没看见路两旁的鲜花，不被各种'风口'和投机机会所左右，回归商业精神的本质，以客户为中心，坚定信心走自己的路。"

（2）打造以客户价值为核心的组织与文化。

长期价值的核心是客户价值。只有为客户创造长期价值，才有企业的长期价值；只有以卓越的产品与服务赢得客户的信赖与忠诚，才有品牌价值的长期增长。这就需要企业的运营不是以领导为核心，而是以客户为中心；不是以从客户身上短期捞钱为目的，而是以为客户创造长期价值为使命，真正围绕客户做有价值的事情，构建以客户为中心的组织与流程。正如任正非所指出的：客户导向型组织是屁股对着领导、脑袋对着客户，而官僚组织是脑袋对着领导、屁股对着客户。

（3）慢下来、沉下去，做最好的自己。

做企业是场马拉松，拼的是实力和耐力，一方面要有足够的战略定力和耐心，另一方面要学会慢下来、沉下去。

亚马逊创始人贝索斯有一次问巴菲特："你用长期价值的理念做投资，这个道理很简单，也很成功，为什么其他人做不到呢？"巴菲特笑着回答："因为没有人愿意慢慢变富。"

确实，我们所处的世界是一个快速变化的世界，人们习惯追求快速致富，打短平快，捞快钱，却恰恰忘记了，有时财富来得越快、越容易，失去得也越快，很多企业就是死在来钱太容易。中国企业经过改革开放后四十余年的高速发展，最需要调整的，就是要从惯于快转变为学会慢，做到快慢结合，有时慢下来调整一下节奏和步伐即是一种长久的快。同时，沉下去，埋头苦干，不尚虚，不逐名，低调务实，踏实耕耘，做好自己，命运才能掌握在自己手里。

很多明星企业之所以昙花一现，就是因为企业家尚虚、逐名、不务实，一味追求光鲜靓丽的形象。就像已故相声大师侯宝林所讲的，被捧上去的明星，犹如坐在手电筒光束上，手电筒电门一打，直接将人推到五彩缤纷的电光束上，享受众人的吹捧和欢呼。但电门不在自己手上，功力不够，人家一关电门，吧唧一声，自己摔地上了。

同样道理，企业只有潜心做好自己，把命门掌握在自己手上，才能实现长期价值，才会具有持续的生存力。

（4）对未来长期发展要素舍得做长期投入。

长期价值主义意味着要用很长的时间去打造核心竞争力，意味着要舍得为未来长期发展投入，注重软实力的打造，注重核心能力的培育。

华为之所以能成为真正具有全球竞争力的世界级领先企业，首先是对人才、技术、管理等软实力要素舍得投、连续投、长期投。美国试图以自己及其全球盟友之力打压华为，而华为并没有被打趴下，就在于任正非十年以前就看到了华为总有一天要在山顶上与美国有一场较量，为此华为花了十年做准备。没有这十年持续的投入和付出，华为早就被美国打倒，缴械投降了。

总之，企业的发展，短期靠运气，长期靠内功。只有注重能力的长期磨炼、长期积累，企业才能厚积薄发，才能屹立不倒。

（5）奉行产品主义，以好产品、高价值体验服务赢得客户的长期信赖与忠诚。

长期价值主义的终极体现是客户的长期信赖与忠诚。客户的长期信赖与忠诚来自不忽悠客户，不夸海口承诺客户，而且要为客户提供安全、可靠、性价比高的产品与服务。

优秀的企业家都是产品主义者。正如小米创始人雷军指出的：做企业就是做人品，做人品就是做好产品，做好产品就是要货真价实、真材实料。中国许多互联网公司早期的高速成长和发展是依靠牺牲用户体验、损害用户价值实现的，如果不奉行长期价值主义，这些企业虽然会做得很大、很赚钱，但永远不会成为受人尊重的伟大公司。

笔者也欣喜地看到，腾讯 2019 年提出了"用户为本，科技向善"的新使命与愿景。腾讯基于长期价值主义，实现了从一家依赖网络游戏的互联网公司，彻底转变为一家真正由多个业务引擎驱动、收入颇为健康、发展均衡的企业。

（6）尊重常识，创新成长。

长期价值主义者首先体现为对规律和常识的尊重。尽管目前解读华为为什么成功的书有数十本，文章有数千篇，各有其真，但笔者很认同吴春波教授的一个观点："华为的成功没有秘密，华为的成功是常识的成功。"华为的成功，在某种意义上是尊重常识的成功，但更重要的是华为将常识坚持到底、贯彻到位。

比如，做企业要产品领先，这是一个常识，而要产品领先，就要加大研发的投入。华为保证每年从销售收入里拿出 10% 的份额"砸"在研发上，近十年华为研发投入数千亿元，从而实现了华为产品与技术的全球领先。

又如，做企业要专注、聚焦，要将核心产品做到足够规模，才会有规模优势。这也是常识，但许多企业就是死在盲目多元化、不专注、过度投机上，而华为就是专注于通信领域，不做投机生意，坚持长期价值主义。

再如，老板要舍得分钱分权才能聚天下人才为我所用，这也是一个常识。但很多企业家真到分钱分权时，就心疼钱，也舍不得分权。而任正非的成功就在于舍得让利，善于分权，甚至分钱分到人才心跳，分到员工心疼老板、感恩老板。常识有时会反人性和考验人性，所以许多人恰恰难以按常识去做。很多企业失败，其实都是犯了常识性错误，没有将常识贯彻到位。

许多失败企业并不是败在没有追风口，没有模式创新，而是败在违背经营管理的基本常识与规律上。

当然，尽管我们说优秀的企业往往赢在对常识的尊重上，但在不确定性越来越强的这个时代，做企业的常识也在发生变化，尤其到了物联网时代更是如此，因此我们需要"认知革命"。未来社会不是简单的"物联网"，而是以人为核心，或者更进一步说是以人的价值创造为核心的"价值物联网"。在这样一个全新时代，企业家的自我批判与创新精神是长期价值主义的内在动力源泉。没有企业家的自我批判，没有企业家创新这个灵魂，企业不可能不停歇地主动走出舒适区，实现变革、创新和成长。变革与创新是企业生存和发展的永恒主题。企业既要尊重常识，又要走出常识，甚至创造常识，永远在守成与创新的悖论中成长。

2. 坚守企业家的本分

成功的企业家往往都自恋而自信，但要有个度：自恋而不自迷，自信而不自我膨胀,否则膨胀之球容易被人刺破。很多企业做大以后,企业家自我感觉太好,开始飘飘然,过于自恋自满。过度的自恋往往会令人迷失,走向自大,由自大最后走向自狂。人一旦自狂,就开始不把客户放在眼里,想成为时代的超人,甚至认为自己创造了这个时代,从而超越企业家本分,成为"跨界大王",结果是:有了名声,但失去了底线;有了高谈阔论、夸夸其谈,但失去了务实低调的品行。最终这些企业家的企业都难逃一"死"。

据我们的观察,企业有几种死法——"纵欲"而死、"膨胀"而死和"溃烂"而死。

(1)"纵欲"而死。

"纵欲"主要表现为投机主义,赌徒心态,过于浮躁、等不及,追求极速成长与快速做大规模的快感,不尊重常识、无底线经营;有了规模,快速圈钱,盲目多元化,短贷长投,凭借高杠杆资本力量,疯狂并购,虚胖起来,最后一地鸡毛。这就是企业由"肥胖""纵欲"导致"虚脱"或"猝死"。

(2)"膨胀"而死。

"膨胀"主要表现为企业在取得初步的成功后,从自恋到自大,再到自狂,大过客户,牛过政府,超越时代;危机意识淡薄,没有自我批判精神,企业难以走出成功陷阱,不愿走出舒适区;企业家不敬畏法制,不尊重常识、任性过度,超越企业家本分。

笔者很欣赏中国的两位企业家:一位是华为的任正非,另一位是平安的马明哲。在他们身上所体现出的最重要的企业家精神,就是自我批判:时刻保持危机意识,时刻保持自我批判。只有保持自我批判,才能认识到自己是时代的一分子。企业家要深刻地认识到,任何一个人和任何一个企业都不可能超越时代。现在很多企业家,和娱乐明星比知名度，和大学教授比学问、比写书讲学，这些都是没有真正回归到做企业的本分。

（3）"溃烂"而死。

"溃烂"而死是企业自己打败自己。许多企业不是被外在环境逼死的，而是自身免疫力下降，组织溃烂，出现黑洞，奋斗精神衰竭，日益惰怠，企业内部山头主义、腐败主义、官僚主义横行，导致企业离客户越来越远，最终被客户与市场抛弃。

3. 打造"三好"企业，树立正确认知

中国企业的下半场是要实现从追求人口红利到追求数字化红利的转变。未来企业需要力争做"三好"（好人品、好产品、好组织）企业。

好人品——高质量发展时代属于守规矩、有情怀、有社会责任感、有担当、有道德底线的企业和企业家。

好产品——企业要奉行产品主义，以硬科技致力于打造伟大的产品与伟大的平台。在未来，没有好的产品和服务，企业是很难持续生存的。要在技术上加大创新力度，加强研发投入。要进行技术创新，企业除了在研发上大量投入真金白银，没有任何其他捷径可走。

好组织——企业家的个人英雄主义时代已成为过去，中小企业家一定要将能力建在组织上和团队上，构建一个不依赖于个人、充满活力和战斗力的组织。而要打造始终充满活力和战斗力的伟大组织，首先是要打造基于共同文化价值观的领导团队。一个拥有好的共享价值的领导团队可以凝聚组织所有的力量，朝着一个共同的目标去努力，真正做到力出一孔，利出一孔，从而形成强大的凝聚力与战略牵引能力。

再成功的企业和企业家都必须对自己有正确认知，必须时刻清醒地认识到：企业再大，大不过客户。客户永远是第一位的。客户是企业的衣食父母，是企业生存的根基。企业再牛，牛不过政府，更不要牛到对政府指手画脚。只有跟随政策大势走，才能获得更多的发展资源。须常怀感恩时代之心，个人再伟大，伟大不过这个时代，是时代给予了企业家成功的机遇，不要认为自己可以造就一个时代。没有时代给予的机遇和舞台，个人啥都不是。中国许多把企业做大了的企业家为什么出问题？就是因为企业做大了以后自我膨胀，大过客户、牛过政府、轻视人才、超越时代，没有坚守住企业家本分。

人要有事业心，但我们大多数人一生只能做好一两件事，任何人都不能什么事都做。什么事都想做，老想跟明星比光环，跟武术大师比武功，跟教授比学问，跟政治家比政治手段，比来比去，忘记了企业家的角色与身份，最终做企业家也不及格。

（二）明确和贯彻企业使命

1. 企业要有清晰的使命

所谓使命，是企业存在的理由，也是企业为社会所能做的贡献。彼得·德鲁克说：企业是社会的器官。企业不是为它自身而存在，而是为实现特定的社会目标而存在，为满足社会、社群以及个人的特定需求而存在。这就像我们的心肝脾肺，不是为了自己而存在，而是为了机体健康存在一样。

在中国共产党的历史上，有过太多艰难的时刻，但是共产党人之所以能挺过来，靠的就是坚定的信念和执着的使命追求。

以红军长征为例，红军历经两年时间，纵横十余省，在装备精良、数倍于己的国民党军队的围追堵截之下，攀越40余座高山险峰，跨越近百条江河，穿越凶险的草地、沼泽，翻过寒冷、陡峭的雪山，胜利实现战略大转移，最长行程约二万五千里。这是他们在缺衣少食、装备极差的物质条件下完成的壮举。长征的胜利是红军以精神力量战胜了自然力量的伟大宣言，如果没有强大的信念支撑，这支队伍可能早就散了。

　　同样，企业要凝聚天下优秀人才，激发人才的创造力和奋斗精神。首先要有明确而高远的目标追求，有共享的使命和愿景。道不同不相为谋，如果组织成员目标追求各异，"同床异梦"，就难以形成组织凝聚力。只有在共同使命与事业目标层次上的凝聚力，才是持久而牢不可破的凝聚力，基于单一利益导向的凝聚力都是短暂和不牢固的。

　　任正非在谈到华为的组织能力建设时，专门写了一篇文章《力出一孔，利出一孔》。他在这篇文章中指出："水和空气是世界上最温柔的东西，因此人们常常赞美水性、轻风……同样是温柔的东西，火箭可是空气推动的，火箭燃烧后的高速气体，通过一个叫拉法尔喷管的小孔，扩散出来的气流，产生巨大的推力，可以把人类推向宇宙。像美人一样的水，一旦在高压下从一个小孔中喷出来，就可以用于切割钢板。可见力出一孔，其威力……平凡的 15 万人，25 年聚焦在一个目标上持续奋斗，从没有动摇过，就如同是从一个孔喷出来的水，从而产生了今天这么大的成就。这就是力出一孔的威力。"

　　对于使命，企业要回答的是：

- 企业为什么存在？
- 企业所能提供的独一无二的价值是什么？
- 企业为谁提供价值？
- 企业通过何种方式提供价值？

　　企业只有明确自己的使命与价值，才能找到立身之本，凝聚一切可以凝聚的力量。在企业管理界非常有影响力的《华为基本法》第一条，就开宗明义地提出华为的追求是"在电子信息领域实现顾客的梦想，并依靠点点滴滴、锲而不舍的艰苦追求，使我们成为世界级领先企业"。

　　《华为基本法》的起草人黄卫伟老师讲，最初写的是在通信领域实现顾客的梦想，任正非把它改为 IT 领域，最后在华为高层讨论定稿的时候定位成电子信息领域，就是为了更好地聚焦。

为什么是实现顾客的梦想，而不是满足顾客的需求与期望？因为当时华为的很多年轻人都毕业于名校，风华正茂，怀揣梦想，但这些梦想都是技术的梦想，没有人去谈顾客的梦想。任正非担心如果只追求最先进的技术，会给企业带来问题：一方面，从商业的角度来看，这就可能导致超越了顾客的需求与企业所能承担的成本；另一方面，过多地采用先进技术，可能会影响产品的可靠性与稳定性，而顾客最重视的实际上是稳定性，尤其是通信设备要在网络上运行，一旦出现故障，就会造成大面积的瘫痪，这是企业不能承受之重。因此，华为要通过明晰"实现顾客的梦想"让员工们知道技术只是手段，手段服从于目的。

清晰的使命阐述和使命定位，可以解决企业在发展过程中可能出现的很多问题，让企业未来的发展有章可循。

企业要建设组织能力，首先需要有明确的组织使命与组织价值观，再形成组织规则，进而累积组织知识，不能"下跳棋"。这是笔者在辅导企业中总结出的"带血的经验"。有了组织知识的沉淀，组织能力就可以脱离个人能力而存在，从而基本上可以确保企业良将如潮。有的企业认为自己组织能力不行，一上来就要求做组织能力带教，跳过了上面全部的步骤，而企业价值观尚不明晰、组织结构尚不合理，这就是典型的头疼医头、脚疼医脚。

2. 企业要宣贯自己的使命、目标与追求

企业有了自己的使命、目标与追求，只是完成了第一步，还需要对自身的目标与追求不断地进行宣贯，使之得到员工发自内心的认同与支持，并转化为行动指南。

现在中国很多企业，在不断地学习之后，认识到了组织使命的重要性，也组织人员甚至聘请咨询公司，为公司编制了自己的使命、愿景和价值观。但很多时候，这些使命、愿景和价值观：一方面，没有在企业形成共识；另一方面，企业在编制好之后，没有进行宣贯，没有真正把使命转化为组织决策和员工日常行动的指南和依据，导致使命描述和日常行为两张皮。

只有推动组织的价值主张、愿景、使命、价值观落地与践行，才可以真正对优秀的员工形成强大的激励，让员工感受到自己工作的意义，让员工全力投入。

3. 企业要坚守并践行自己的使命与价值观，不忘初心

《史蒂夫·乔布斯传》提到乔布斯如何贯彻"苹果要生产出改变世界的产品"这一使命。

1983 年，苹果公司推出麦金塔计算机前夕，追求完美的乔布斯不断要求工程师"继续改进，还要更好"。工程师肯尼恩和团队拼命加班，结果还被乔布斯批评计算机开机速度"太慢"。工程师们又不眠不休改进了几个星期，乔布斯还是说"不行"。工程师们已经绝望，说已经改无可改了。这时乔布斯忽然问肯尼恩："如果开机的速度再快 10 秒，就能拯救一个人的命，你做不做？"肯尼恩不明就里：开机速度与人的生命有什么关系？结果乔布斯边走边算，并问肯尼恩：如果有 500 万人每天打开一次计算机，每次节省 10 秒的开机时间，每天就能省下 5 000 万秒，一年下来就是 3 亿多分钟，这有多长？"那是 10 个人的一生！"虽然理智上已经不想再改动，但一想到一个小小的改变可以省下 10 个人的一生的时间，肯尼恩又带着团队继续奋战，最后他们成功地让开机时间缩短了 28 秒，整整省下了"28 个人的一生的时间"。

2021 年 7 月 16 日，全球著名市场调研机构 Canalys 发布手机市场第二季度排名，OPPO 和 vivo 分别占 10% 的市场份额，并列第四。在手机市场竞争白热化的阶段，能取得这样的成绩实属难得，这种成绩的取得与创始人的理念是分不开的。

2004 年，OPPO 创始人陈明永就把"本分"确立为公司的核心价值观。他觉得初期的本分，指的是"该做什么""你该做的，有没有做"；之后的本分，主要规避的是"被外界影响""被利益驱动"，坚守自己的初心与使命，不为外界的风吹草动所影响。所以当互联网企业相继推出"996"、手机行业陷入"互联网营销口水战"时，陈明永却多次在公司内部强调要"被攻击不辩解，更不许诋毁友商"，只顾埋头走自己的路，坚守自己的"本分"。

因为坚守本分，OPPO 内部的决策变得清晰明了，员工之间理解加深，更容易信任彼此，减少了沟通成本，从而发展出自己的竞争力，最终公司在竞争白热化的市场中收获不错的业绩。

当然，任何一个企业的成功都是多种因素综合作用的结果，不过 OPPO 一直对本分文化的坚守应该是其中的一个原因。

美军前陆军参谋长乔治·凯西说：清晰和简单是复杂与不确定的解毒剂。越是面对动荡的环境越是需要坚如磐石的信念、信仰、价值观作为支撑，让复杂的事情变得清晰、简单，从而更接近自己想要实现的目标。

反观很多企业在做大之后，忘了自己的初心与使命，盲目多元化。但无论是大型民营企业，还是中小型民营企业，在多元化发展过程中普遍存在盲目多元化、投机心理太强、缺乏整体资源布局等问题，最后不仅没能壮大企业，反而严重危及原有主业，甚至让企业倒闭破产。

使命是企业存在的理由，企业需要明确自己的使命是什么，才不会被各种风口、"机会"牵着走，才能心无旁骛，向下扎根。

中国共产党走过百年，依然能蓬勃发展，非常重要的一点在于坚守

"为中国人民谋幸福，为中华民族谋复兴"的使命。对企业来讲，考虑清楚自己的使命是什么，以及如何脚踏实地地去践行，是一件无比重要的事情。

（三）企业与客户的关系

1. 贴近市场，倾听客户的声音

企业要围绕客户做对客户有价值的事情。员工要屁股对着领导、脑袋对着客户，时刻关注客户在想什么、需要什么，而不是只关注领导想什么。企业要打造以客户为中心的组织体系。

在以客户为中心方面，华为堪称典范。任正非曾说："华为走到今天，就是靠着对客户需求宗教般的信仰和敬畏，坚持把对客户的诚信做到极致。"

华为的价值观是"以客户为中心，以奋斗者为本，长期艰苦奋斗"。其实以奋斗者为本也是以客户为中心。因为在华为看来，只有为客户创造价值才是奋斗，如果没有对客户产生价值，再辛苦也不叫奋斗。比如加班加点设计和生产不为客户所需要的 BP 机，不是艰苦奋斗。

《华为公司人力资源管理纲要 2.0》对以客户为中心进行了详细的阐释，主要包括以下几点：

- 以宗教般的虔诚对待客户需求，重视普遍客户关系，构筑战略伙伴关系。
- 质量好、服务好、运作成本低、优先满足客户需求。
- 以客户满意度作为衡量公司内一切工作的基础准绳。
- "深淘滩、低作堰"，通过产业共赢建立公司发展的良好环境。

华为更是明确"为客户服务"是华为存在的唯一理由。公司所有的一切行为都归结为为客户提供及时、准确、优质、低运作成本的服务。

以客户满意作为工作唯一衡量标准。

华为以客户为中心的理念，不仅停留在文档里，更是落实在行动中。2022年3月14日，任正非签发文件，减免华为公司内部服务类商户租金，其中，免租6个月，减租9个月，合计减免租金15个月，甚至在执行中将已收取租金在当月底退还完毕。

可能很多人认为华为财大气粗，这点租金对华为而言就是九牛一毛，其实2021年的华为非常艰难。2021年12月31日，华为轮值董事长郭平发表新年致辞称，2021年预计全年实现销售收入约6 340亿元。而2020年该数值约为8 914亿元，同比下降约28.9%。这是华为此前五年来收入情况首次出现下滑，并且是大幅度下滑，相当于倒退了四年，大约回到了2017年的水平。

不过，郭平表示，在华为面临一系列挑战的时刻，只有和全球伙伴们紧密合作、不懈努力、共克时艰，才能"多产粮食，做强根基"，才能"活下来、有质量地活下来"。

华为减租的消息刷爆餐饮人的朋友圈，有人评价："值得尊重的企业一定不只是大，更多的是公心！"还有的称其是"中国好业主""中国好房东"。

2. 客户利益与客户价值高于一切

当企业跟客户利益发生矛盾的时候，要坚持客户利益与价值高于一切。企业生存和发展的根基是客户，客户价值是企业价值的来源。企业要一切以客户为中心，为客户创造价值。企业只有为客户创造价值，才会具有持续的生命力。企业什么时候背离了客户的价值，违背了以客户为中心的理念，就会被客户抛弃。

华为原地区部交付副总裁、大T系统部部长胡伟曾分享他在华为的一段经历。

2004年，大年三十早上，送走所有员工，我做完最后一个程序的备份，拉着箱子坐上绿皮火车回西安老家，结果刚到洛阳，客户打电话说系统很不稳定。我试了几条短信，要不发重，要不没发出去，这意味着我必须回到郑州，回到客户机房。

我当时实在恼火，觉得已经两年没回家了，真想撂挑子不干了，但最终还是由于使命感的驱使，在洛阳下了火车。回到郑州已经下午六点，听到外面鞭炮声隆隆，我说不出的心酸，拎着箱子去了客户机房，改代码、调试系统。晚上11点多，客户端了一碗饺子，陪我过年，一直到凌晨四点，直到系统基本稳定为止。

还有一次，华为的领导来拜访客户高层，早上八点半机房还没有人，领导就要给我们打电话。结果，客户主动帮我们开脱，说他们太辛苦了，让他们多休息一会。河南的客户已经彻底地被我们感动。同期的竞争对手还有两家外企和两家国内企业，只有华为人这么干。华为的产品最开始就是这么做起来的。

华为公司提倡高级干部要有海外经验，我就申请去海外。我想去的是荷兰阿姆斯特丹，调令下来目的地是尼日利亚。去的时候，女儿刚出生，没办法，就是舍不得，我也得去。当时，尼日利亚疟疾横行，这种病主要靠蚊子传播，没有办法控制，有致死的可能。虽然家人给我带了7顶蚊帐，但一个月后我还是得了疟疾。

在去见客户的路上听到枪响，我们趴在地上4个小时，没被枪打死却差点被太阳晒死。一个兄弟情绪失控，号啕大哭，并且完全不知道自己在哭。起来之后，我说去机房。大家觉得我疯了。到了机房，我们把客户彻底感动了。客户觉得我们是战士，而不是工程师，这也为后来签下1.04亿美元的合同，并在华为历史上最终全网把友商搬掉奠定了基础。

曾有一位郑州的客户问我：你们华为人为什么这么拼，好像工资跟其他上市公司也差不太多？我不知道该怎么回答，就想起了大课培训时老师讲的一句话："为客户服务是华为存在的唯一理由。"结果这位客户很嫌弃这个回答，觉得我至于这么上纲上线嘛。但当我最后离开郑州的时候，那位客户那天早上请了假，陪我坐大巴送我去机场。

企业只有在乎客户，客户才会在乎企业。只要企业坚守客户价值和客户利益高于一切，并能用实际行动满足客户需求，企业就是行驶在正确的轨道上，成功只是时间问题。

3. 要相信和发挥客户的力量

在互联网的推动下，客户（在 C 端也被称为粉丝）要比过去对企业的影响大得多。他们可以自愿为企业宣传，维护企业声誉，为企业的经营管理提供建议、付出真金白银。

相关数据显示，从平均购买力来看，品牌粉丝的消费力比非粉丝人群高出约 30%；从品牌线上营销活动的转化率来看，各行业品牌粉丝转化率更是明显高于非粉丝人群。

小米社区官方论坛和小米粉丝（内部称为"米粉"）对小米的成功也是功不可没的。刚开始，"米粉"们自发地在论坛交流手机使用技巧和心得，了解小米最新动态，参与活动互动，甚至向小米公司提设计建议。后来，小米公司也不断有意识地培育社区意见领袖，邀请资深用户参加小米公司的产品发布会，通过有吸引力的活动，比如赠送发布会门票，调动粉丝们的参与热情。打开小米社区官方论坛，有成百上千回复数的帖子比比皆是，"米粉"们的热情和力量可见一斑。

支部建在连上的基层
动员力与战斗力

支部建在连上，是中国共产党领导军队的重要原则和制度。它保证了中国共产党对军队的绝对领导，使党充分发挥基层党组织的战斗堡垒作用，保证了中国共产党具有全世界其他任何一个政党都没有的巨大的基层动员力和执行能力。

一、"支部建在连上"明确了中国革命的路线和力量来源

规定支部为党的基本组织是在党的四大。1925 年 1 月 11 日至 22 日，中国共产党第四次全国代表大会在上海召开，大会通过《对于组织问题之议决案》和《中国共产党第二次修正章程》。《对于组织问题之议决案》明确指出"组织问题为吾党生存和发展之一个最重要的问题"，并指出支部建设的重要性，强调建立"以产业和机关为单位的支部组织"，"至于在小手工业者和商工业的办事人中，不能以机关为单位组织支部时，则可以地域为标准"。

党支部的建立使党的组织建设进入一个新阶段。不过，起初党只在军队团一级建立党组织，营、连一级并没有建立党组织。"支部建在连上"作为中国共产党建党建军的组织原则，是毛泽东在秋收起义后摸索出来的。

（一）"支部建在连上"保证了党对军队的绝对领导

1927 年 9 月，毛泽东在湘赣边界领导工农革命军发动起义。因敌强我弱，秋收起义最后以失败告终。成批的战士看不到革命的前途，悲观失望，脱离革命队伍。毛泽东领导的部队从 4 个团共 5 000 余人锐减至 1 500 余人。贺龙后来回忆说：那时候的军队，就像抓在手里的一把豆子，手一松就会散掉。

在部队进行转移的路上，毛泽东一直在思考失败的原因，恰在此时有一个人引起了他的注意，此人就是当时担任连指导员的何挺颖。何挺颖毕业于上海大学社会学系，知识广博，思维活跃。他所在的连队政治气氛较浓，无论是军事干部还是士兵，没有一个逃兵。

当毛泽东问何挺颖部队如何才能不垮掉、散掉时，何挺颖提出：应该从部队中的党组织去考虑。现在部队里的党支部太少，一个团才有一个支部，连队一级都没有党的组织，这就不能抓住士兵，抓不住士兵就抓不住部队。他还建议班、排建立党小组，连队建立党支部，营以上建立党委会，但凡军中的重大事情都要经过党支部、党委会来决定，这样就能保证党对部队的领导。

一个人活着要有灵魂，一支队伍也要有军魂。毛泽东没有想到，何挺颖竟然和自己不谋而合。于是一套对军队进行改革的方案逐渐在毛泽东脑海中形成。

1927 年 9 月 29 日，部队在到达江西省永新县三湾村后，在毛泽东的领导下进行了三湾改编。内容包括：资遣一部分不愿留队的人员，缩师为团，就是把一个师的建制作为一个团的建制；"支部建在连上"，也就是党支部建在连上（过去是支部设在团，连一级只有党小组）；营、团有党委，连以上设党代表；规定官长不打士兵，官兵待遇平等，建立士兵委员会。

三湾改编从组织上确立了中国共产党对军队的绝对领导。这次改编也是一次对队伍进行精简、对军队人员大浪淘沙的过程，让那些对革命态度不明朗、不明确的人离开部队，把信仰坚定的人留下来。也就是说，共产党的队伍的首要标准不在于大，而在于队伍要忠诚、坚强有力，这就从根本上解决了大与强的关系问题。

如果说南昌起义塑造了人民军队的"形",三湾改编则熔铸了人民军队的"魂"。

从此,人民军队特别注重基层党建工作,坚持"支部建在连上",形成"连有支部、排有小组、班有党员"。毛泽东的总体思路是:通过党支部、党小组向下开展工作,从而抓好基层,抓住士兵,最终提升部队的战斗力;向上则是形成"连支部、营委、团委、军委"四级党的领导机关。这样就在部队建立起严整的党组织体系,为党全面建设和掌握部队提供了可靠组织保证。

"支部建在连上"从此成为中国共产党建党建军的一项基本原则和制度。它是中国共产党把马克思主义的组织建设理论与中国革命具体实践相结合的产物。"支部建在连上"把一个个分散的普通党员编织在组织的系统之中,使党的路线、方针、政策落实到基层有了可依靠的力量和坚实的基础,同时,也架起了党与人民群众之间联系的桥梁。

"支部建在连上"确立了党对军队的绝对领导,避免了政治工作和军事工作"两张皮"的现象,从而推动了军队力量的不断发展壮大。

在 1928 年 11 月 25 日写给中共中央的《井冈山的斗争》一文中,毛泽东总结指出,中国工农红军之所以艰难奋战而不溃散,"支部建在连上"是一个重要原因。

"支部建在连上"增强了组织活力和战斗力。遇到重要的事情,支部先召开支委会进行研究,集中支部智慧,制定保证任务完成的具体措施,然后班、排召开党小组会,传达支委会的决策,并对全体党员提出要求,确保党组织意见的贯彻与落实。必要时支部还会召开支部大会进行党内动员,支部活动结束之后,各党小组再召开会议,集中所有党员的力量,增强党组织的活力。

在战争中，如果指挥员牺牲，指挥体系被打散，剩下的人会马上聚拢，重建指挥体系。三名及三名以上党员便可形成党小组，或者成立临时党支部，成立的党小组或临时党支部便成为战友们的核心。最后，无论是哪支部队，无论来自哪里，所有人都要服从党支部的领导，这样很快就会形成一个新的战斗组织，重新投入战斗。

"支部建在连上"也丰富了组织的毛细血管，延伸了组织的触角。通过把支部建在连上，党组织的意志可以渗透到基层，然后通过基层党员带动群众，基层党员可以成为联系群众的桥梁和纽带。这样，对基层党员和群众的引领就不再是依靠一两个人，而是依靠一级组织，多了一条上下沟通、互相协调的渠道，增强了组织的管控能力，也架起了党与士兵、群众的桥梁，为夺取革命武装斗争的胜利挖开了力量源泉。

在解放战争中，把支部建在连上也是解放军战胜国民党军队的一个重要因素。相关资料显示，中国国民党和中国共产党在党、政、军三者的关系和力量分配方面有很大差异。中国共产党非常注重党的建设，不断加强基层党组织的力量，扩大基层党组织的覆盖面，保证了其在农村、工厂、矿山、铁路以及其他部门中的组织基础与力量，从而使党组织可以从基层获得源源不断的力量，形成强大的战斗力。

在战争中，中国共产党的做法是党组织往往是军政的前锋，攻占某一地区，最先打入的是党组织，然后军政力量跟进；从某一地区撤退时，即使军政力量已退出，党组织仍然留下来继续战斗。也就是说，中国共产党非常关注并充分发挥党作为政治核心的作用。

而国民党则不同，国民党政权的支撑力量不是党员和党机器，而是军人和其他武装力量。在党、政、军三者之中，党的力量最为脆弱。无论是在抗日战争中，还是在解放战争中，最先瓦解的往往是党部，其次是政府，最后才是军队。收复某一个地方，最先到达的往往是军队，其次是政府，最后才是党部。也就是说，在国民党那里，党完全沦为军政的附庸。这最后导致国民党的"末梢神经"虚弱无力。

（二）"支部建在连上"成为"战略武器"

"支部建在连上"带来的艰难奋战而不溃散，在抗美援朝战争中也得到了充分的体现。曾有国外智库对中国在抗美援朝战争中取得胜利的原因进行研究，研究结果颠覆了其此前一种几乎定型的认识，那就是世界上很多军队只要指挥员被消灭、建制被打乱，就溃不成军。唯独中国共产党的军队不同，即使指挥员牺牲了、建制被打乱了，甚至军人受伤被俘了，仍能成立党组织，重新投入战斗。他们的结论是："支部建在连上"是中国共产党军队的"战略武器"。

该智库的结论比较符合事实。抗美援朝战争中，志愿军取得了胜利，很多人认为这是志愿军的人海战术带来的结果。但如果只有人海，而没有战术方面的优良组织和灵活机动，没有战士积极性、主动性的发挥，不管多么庞大的队伍在机关枪、迫击炮和坦克等现代化武器面前都不是对手。

另外，从本质上来讲，人海战术是用巨量的人力和物资消耗换取其他方面优势的战术。朝鲜战争爆发时，新中国刚刚成立，一穷二白，根本无法支撑人海战术所需要的物资消耗量。1950 年 10 月志愿军参战时，中国工农业总产值还不到美国的十分之一，双方的国力根本不在一个量级。

其实，抗美援朝战争中，中国人民志愿军之所以能取得胜利，非常重要的一点在于其优良战术和高组织水平。

志愿军的步兵突击战术采用"三三制"。"三三制"战术最早起源于抗日战争期间。当时，八路军开赴前线作战，由于缺乏重型武器，只能在进攻时采用密集阵型，以增强攻击力。但是，密集阵型在日军凶猛的火力面前带来的往往是非常惨痛的伤亡，最终八路军放弃了密集冲锋战术，采用了"三三制"战术。它的具体做法是，以班为单位分成三个战斗小组，每个战斗小组三人，排成三个梯队。三人战斗小组呈三角进攻队形，每名士兵分工明确：进攻—掩护—支援。三个战斗小组组成一个战斗班，三个战斗班组成一个战斗群，进攻时呈"散兵线"队形展开，一个总数 27 人的战斗群完全展开可以覆盖 800 米宽的战线。

"三三制"不仅可以覆盖广袤的战斗区域，让敌军武器的杀伤力大大减弱，更重要的是让士兵在军官阵亡的情况下依然可以继续保持战斗力，连长牺牲了排长顶上，排长牺牲了班长顶上，即使他们都牺牲了，几个战士也能组成临时战斗小组，这样部队就很难被击溃。

同时，部队即使在撤退时，也能严格保持队形，每个战斗单位都可以毫无怨言地牺牲自己去阻击追兵，掩护友军撤退，甚至还能利用保存下来的战斗实力给敌军以出其不意的攻击。

总之，"三三制"让志愿军在朝鲜战场上的战术灵活多变，可以根据战情需要对敌方部队进行穿插，搞得敌军晕头转向，不知所措。在这一战术下，志愿军不仅使敌军有力使不出，还常常给他们一个回马枪，使其措手不及。

可以说"支部建在连上"是中国共产党特有的政治优势。这种优势来源于：实现和加强了党对军队的绝对领导。坚持党对军队的绝对领导是人民军队的灵魂。但是在庞大的军队系统中，如何实现和保障党对军队的绝对领导？"支部建在连上"发挥了基础性作用。它让党的意志从上到下直接触达末梢神经，保证了末梢神经处于激活状态，使部队即使面对挫折也不溃散，组织依然保持健康和活力。

在新民主主义社会向社会主义社会过渡时期，面对复杂的社会形势，"支部建在连上"更是从军事范围拓展到国家经济生活等多个方面，主要体现为加强各领域党的基层组织建设，比如加强农村、工矿企业、高等学校、科研机构、文艺团体等领域的基层党组织建设。对基层党组织的宣传、动员、建设，加强了国家的凝聚力、组织力和战斗力，保证了由新民主主义向社会主义的顺利过渡，成为党和国家健康发展的战略武器。

（三）"支部建在连上"成为进入社会主义建设时期后党联系群众的纽带

邓小平同志在 1951 年的一次军队组织工作会议上再次强调了"支部建在连上"的重要性。他指出，连队工作的好坏，首先决定于党支部工作的好坏。只有支部工作做好了，战斗力才会增强。而支部要发挥作用，"三大民主要坚持"，这三大民主就是政治民主、军事民主和经济民主。"支部建在连上"起初是用于军队的党建原则和制度，后来它已超出军事范围，也指政治工作中要建立基层组织。重视基层工作已成为一种理念、一种方法、一种智慧，党可以从基层中获得源源不断的发展动力。

到 1956 年，我国社会主义改造基本完成，正式进入社会主义建设阶段。随着社会主义建设事业的推进，邓小平同志在中共八大所作的《关于修改党的章程的报告》中进一步指出："党的基层组织是党联系广大群众的基本纽带，经常检查和改进基层组织的工作，是党的领导机关的重要政治任务。"党的基层组织的联系群众的纽带作用，在我国的经济社会发展进入改革开放的新时期继续得到历届党中央和领导人的重视，并不断加以强化和推进。

20 世纪 80 年代，随着改革开放的推进，中国社会出现了许多新型的社会阶层和大批"两新组织"（新经济组织和新社会组织），原有的基层党组织体系难以适应社会变化的新要求。为此，党中央通过调整和改进党的基层组织设置，推进基层党组织的治理和整顿，不断扩大基层党组织的覆盖面，推动社会向前发展。

随着改革开放的持续推进，进入 21 世纪后，江泽民同志在中共十六大上强调，党的基层组织是党的全部工作和战斗力的基础，应该成为贯彻"三个代表"重要思想的组织者、推动者和实践者。在这一时期，党不断扩大党的工作的覆盖面，不断提高党的基层组织的凝聚力和战斗力。注重加强以村党组织为核心的村级组织配套建设，探索使农民长期得实惠的有效途径。

在党的十七大后，党中央进一步强调基层党组织的组织力和政治功能，提出了要建设学习型党组织的重要任务，要求将加强党员学习同完善组织生活有机结合起来，"使党组织既成为党员增强党性修养、提高思想觉悟的大熔炉，又成为党员学习新知识、增长新本领的大学校"，同时强调需要"进一步加强党的基层组织建设，努力把基层党组织建设成为贯彻落实科学发展观的坚强战斗堡垒。党的基层组织是党全部工作和战斗力的基础，承担着把科学发展观贯彻落实到基层的重要责任。要始终把抓基层打基础摆在更加突出的位置，大力推进基层组织工作创新，统筹抓好各领域各行业基层党组织建设，广泛开展创建先进基层党组织、争做优秀共产党员的创先争优活动，充分发挥基层党组织推动发展、服务群众、凝聚人心、促进和谐的作用……要坚持加强基层党组织书记队伍建设，按照守信念、讲奉献、有本领、重品行的要求，形成一支能够团结带领广大党员、群众推动科学发展和共同致富的高素质基层党组织带头人队伍"。

胡锦涛同志在 2010 年 6 月 30 日会见全国先进基层党组织和优秀共产党员代表时，再次强调指出：党的基层组织是党全部工作和战斗力的基础。中国共产党 89 年来团结带领全国各族人民取得的一切成就，都是同广大基层党组织和共产党员的不懈奋斗紧密联系在一起的。任何时候任何情况下，我们都要高度重视并切实做好抓基层打基础的工作，不断提高基层党组织建设科学化水平。

（四）"支部建在连上"成为中国特色社会主义新时代增强基层组织力、强化党的"神经末梢"的利器

进入中国特色社会主义新时代后，"支部建在连上"继续在增强基层组织力、强化党的"神经末梢"方面发挥着不可替代的作用，成为党建利器。十八大以来，中国共产党不断加强基层党组织的作用，强调必须激活基层党组织、增强基层组织力、强化党的"神经末梢"，让基层党组织真正成为"宣传党的主张、贯彻党的决定、领导基层治理、团结动员群众、推动改革发展的坚强战斗堡垒"。

同时，全党以学习贯彻习近平新时代中国特色社会主义思想为主线，开展党的群众路线教育实践活动、"三严三实"专题教育、"两学一做"学习教育、"不忘初心、牢记使命"主题教育和党史学习教育，引导广大党员、干部筑牢信仰之基、补足精神之钙、把稳思想之舵，推动全党保持统一的思想、坚定的意志、协调的行动、强大的战斗力。

党的十九大报告明确提出，"要以提升组织力为重点，突出政治功能，把企业、农村、机关、学校、科研院所、街道社区、社会组织等基层党组织建设成为宣传党的主张、贯彻党的决定、领导基层治理、团结动员群众、推动改革发展的坚强战斗堡垒"。党的基层组织是党执政的组织基础，担负着直接教育党员、管理党员、监督党员和组织群众、宣传群众、凝聚群众、服务群众的重要职责。基础不牢，地动山摇。因此，必须按照新时代党的建设总要求，坚持问题导向，找准发力重点，

把基层党组织建设提高到一个新水平，更好地发挥基层党组织的战斗堡垒作用和党员的先锋模范作用。

党之所以如此重视基层组织工作是因为党的基层组织是确保党的路线方针政策和决策部署贯彻落实的基础。对于军队而言，连队就是军队的基层组织。没有好的连队，建设一支能打胜仗、保卫社会主义家园、捍卫世界和平的人民军队是无法想象的。站在基层组织建设的角度，广而言之，"支部建在连上"不仅是建党建军的一项基本原则和制度，更是我们党的建设的发展根基。

习近平总书记指出，"做好基层基础工作十分重要，只要每个基层党组织和每个共产党员都有强烈的宗旨意识和责任意识，都能发挥战斗堡垒作用、先锋模范作用，我们党就会很有力量，我们国家就会很有力量，我们人民就会很有力量，党的执政基础就能坚如磐石"。

正是在党中央对基层组织工作的持续重视和不断强化下，中国共产党通过党建引领基层治理能力水平有了显著提升。各地的基层党组织在中央的领导下，以网格为单元整合各类管理力量，推动各项治理任务实实在在落地；建设起覆盖广泛、集约高效的党群服务中心，使党员群众在家门口就能找到组织、享受到便利服务；积极推进"红色物业"建设，把物业管理力量打造成党的群众工作队，发挥快递员、外卖送餐员、网约车司机等新就业群体在基层治理中的独特作用，切实增强了群众获得感、幸福感、安全感。

（五）"支部建在连上"的五大价值

（1）"支部建在连上"能保证党永远是能够指挥枪的，党的意志能够从上向下贯彻，党的政策能够得到执行。

1927 年 9 月，毛泽东领导秋收起义部队进行了我军建军史上具有里程碑意义的"三湾改编",第一次实行了班、排建立党小组,连建立党支部,营、团建立党委的新制度,从此部队的一切重大问题都要经过党组织集体讨论决定。"支部建在连上",使党的领导延伸到了最基层、最前沿,直达每一个士兵,党对部队的组织领导能力大大提高。当时曾任党支部书记、后来成为共和国元帅的罗荣桓说:"三湾改编,实际上是我军的新生,正是从这时开始,确立了党对军队的领导。"

1938 年 12 月,八路军政治部颁布了《国民革命军第十八集团军政治工作暂行条例(草案)》,随后该条例草案经过了修订并更名为《中国国民革命军第十八集团军(第八路军)政治工作条例(草案)》,于 1940 年刊发于《八路军军政杂志》第二卷第四、五期。条例规定:为直接指导并进行军队党和政治工作,在营、团、旅、师、军、军区、分区、独立的游击队、独立支队、独立作战的部队以及各直属机关学校内,任命有阶级觉悟、最坚强、最勇敢,并有政治教育和政治工作经验的共产党员为政治委员。……政治委员是中国共产党在军队中的全权代表,执行党在军队中的政治路线及纪律的完全负责者。政治委员经过党的政治指导作用,保证一切军事行政负责人员很顺利地完成其工作。

以后在我军颁布的历次军队政治工作条例中,虽然其他内容随着环境、形势的变化而变化,但思想政治工作生命线的地位、作用始终未变,毫不动摇。从党的组织建设的角度来看,军队中党的基层组织的普遍建立,为党的路线方针政策在军队的落实提供了系统、规范的信息传达渠道,进一步完善了军队的指挥体系。

(2)"支部建在连上"意味着基层有人去贯彻执行党的路线,使党的路线方针政策能够深入人心。在党的各级组织中,基层党组织与人民群众是距离最近、联系最紧密的。基层党组织能基于自己的组织优势,采用人民群众最容易接受的方式,宣传党的政策、方针。这样做的好处是党的思想方针、路线能够得到贯彻，使基层的人民群众能听到党的声音，政令畅通，使党的工作能够做到纲举目张。全世界没有其他哪一个组织像中国共产党一样，有这样从上至下、扎根群众的终端网络，保证组织的触角可以伸展到任一角落。

（3）"支部建在连上"保证了组织可以从最基层的党员那里听到群众的声音、收集到所需要的信息，确保了组织决策的合理性和有效性，最大限度避免了官僚主义。

官僚主义是指脱离实际，脱离群众，不关心群众利益，凌驾于群众之上，做官当老爷的领导作风。它违背党的性质和宗旨，与党的群众路线完全对立。

官僚主义的产生有历史文化根源原因，也有现实客观原因；有体制机制问题，也有个人领导作风问题；有人生观、价值观问题，也有思想认识和工作方法问题。要消除这种不良习气、根除这种丑恶现象，需要党领导人民通过多种方式展开不懈斗争。党在领导人民同官僚主义作斗争的探索中总结出的一条重要经验就是，通过"支部建在连上"，吸收新鲜血液，听取基层声音，以对抗官僚主义。

（4）"支部建在连上"还可以不断完善党组织。"支部建在连上"作为一种组织形式，随着社会的不断发展和变化而有所变化。目前"支部建在连上"和"群众自治"相结合，形成了自上而下和自下而上的互动与融合，既坚持了党的领导，又能调动群众的积极性和主动性。

早在 1980 年 2 月 5 日，广西宜山县合寨大队果作生产队 85 名群众代表围坐在大樟树下，从 6 名生产队的代表中差额选出了我国第一个村民委员会的 5 名成员。

两年后，"村民自治"相关内容写入宪法。1987 年，《中华人民共和国村民委员会组织法（试行）》审议通过，1988 年 6 月 1 日起试行，

1998 年 11 月 4 日废止，被《中华人民共和国村民委员会组织法》替代。村民委员会成为中国特色基层民主制度最广泛的实践形式之一。

截至 2022 年底，全国基层群众性自治组织共计 60.7 万个，其中村委会 48.9 万个，居委会 11.8 万个。基层群众自治制度日益完善，基层自治组织成为基层治理的中坚力量。不同类型和不同服务主题的自治组织为人民群众提供多种服务，满足了人民群众的需求，增强了人民群众的获得感。

同时，在消除社会上的不良现象，包括腐败与黑恶势力方面，党的基层组织与群众性自治组织也能积极配合相关政府部门持续发挥作用。2018 年 1 月，在基层党组织与群众性自治组织的积极配合下，国家有关部门以雷霆万钧之势在全国范围开展了一场声势浩大的扫黑除恶专项斗争。2018 年至 2020 年，相关部门共立案查处涉黑涉恶腐败和"保护伞"案件近 9 万件，党纪政务处分 8 万余人；对受过刑事处罚、存在"村霸"和涉黑涉恶等问题的 4.27 万名村干部，全面清除出农村干部队伍，有效地纯洁了党和国家的基层组织，改进了社会治安。

（5）"支部建在连上"使党组织采取"平台化＋分布式"管理模式，能够适应不同区域、不同地点、不同人群的特点，保证了既能够统一执行党的政策，又可以个性化地去解决终端的具体问题，使得组织不僵化，保持机动灵活，在行动上既可以迅速地聚拢，又可以很快地分散。

随着社会的不断发展，新的组织形式、新的连接和沟通方式不断涌现，党的支部建设也在不断创新，形式更加灵活，形态更加丰富，以适应现实的需要。1999 年 6 月，在上海市浦东新区潍坊新村街道辖区内的嘉兴大厦诞生了全国第一家跨行业、跨属地、跨所有制的联合党组织——中共嘉兴大厦联合支部委员会，8 名来自不同企业的党员重新找到了"娘家"。这项创新之举，被形象地称为"支部建在楼上"。"支部建在社区上""支部建在商业街里""支部建在楼宇中"等各种"支部建在连上"形式应运而生，实现了两个覆盖——党的组织的全覆盖和党的工作的全覆盖。党的组织的全覆盖让有党员的地方就有党的组织；党的工作的全覆盖让有群众需要的地方就有党的工作，使党的基层组织表现出更强的战斗力。

二、以基层为中心打造企业战斗力

（一）领导者需要深入基层，以发现和解决问题

中国企业发展到今天，规模越来越大，有几万名甚至十几万名员工的企业并不鲜见，比如早在 2019 年中国石油员工即达 138 万余人，中国邮政员工达 93 万余人，国家电网员工达 91 万余人，中国石化员工达 61 万余人（根据 2019 年《财富》世界 500 强员工数量排名）等。庞大的员工数量给企业管理带来的挑战是组织的链条越来越长，要关注的事项越来越多，最终管理者离客户越来越远，离市场一线越来越远，不能真实而及时地了解市场状态和组织状态。

2010 年，美国哥伦比亚广播公司（CBS）开播一档真人秀栏目——《卧底老板》，每周跟拍一名 CEO（首席执行官）或者经理，让他们伪装成基层员工，和其他基层员工一起工作，结果每个参与的领导者都在这段经历中发现了自己未曾发现过的问题或者未曾留意过的方面，真切感受到深入基层的不可替代的价值。

海尔集团原首席执行官张瑞敏曾指出，传统的大公司，它最大的特点或者说最致命的问题，就是官僚主义太严重，官僚主义导致对用户需求没有反应或者说无法快速反应。管理层不了解实情、脱离实际、高高在上、自以为是，靠拍脑袋作决策，贪图安逸舒适、不求上进、无所作为，遇事能推则推，做事形式大于内容，不求实效，只求过场，等等。

官僚主义是组织中的"血栓",导致组织不能顺畅运行,最终使组织"暴病而亡"。要避免官僚主义,领导者需要深入基层,到实践的现场去发现问题,才能解决问题。

(二) 重视基层,维护组织肌体的健康

现在的基层员工,很多是知识型员工。其实知识型员工并不是真正意义上的下属,而是合作者。在德鲁克看来,现在的上级就像指挥家,下属就像小提琴手,尽管小提琴手要听指挥家指挥,但是指挥家对小提琴并不像小提琴手那样熟悉、精通。因为组织的分工越来越细,每个员工可能都有其他人员所未掌握的知识和技能,所以对组织来讲,必须重视基层员工的作用,才能保证所有机能的完整和肌体的健康。

从管理的角度来看,一般企业刚开始只有二三十名员工时,管理者天天与员工打成一片,对每个员工的情况都了如指掌,管理起来得心应手。可是随着规模不断扩大,管理者往往越来越忙,离员工也越来越远,管理起来也心中没数,只能靠流程和制度约束员工,结果造成决策重心过高、层级和审批环节过多,机构臃肿、肌体僵硬,对客户需求和市场反应速度变慢。但是有一些企业给予基层员工一定的权限,发挥了基层员工的积极性和主动性,对客户需求就能迅速响应。比如在海底捞,任何一个服务人员都有打折权、免单权、给顾客赠品的权限,正是这种贴近客户的服务,造就了海底捞很好的口碑。现在,越来越多的企业在打造以客户为中心的端到端的流程化组织,这就更离不开基层员工的作用,因为基层员工才是真正站在一线贴近客户的人。

另外,00后员工已走入职场,他们拥有高学历和超强的学习能力,更关注工作的意义。比如在新型冠状病毒感染疫情期间,海尔的两位员

工（在内部被称为创客）想到防疫医疗设备一定短缺，于是他们运用海尔的工业互联网平台，花了两天时间做出了一个针对防疫设备的生态制造平台，意在使防疫设备生产商可以互通有无，更好地组织生产制造。这个想法在产生两天后就开始实施，取得了良好效果，让防疫设备生产商的生产效率有了很大提升。当后来很多企业开始复工时，不同省份、不同行业的很多规定使上下游不能及时连接成为一个新问题，他们又把前面的平台进行再延伸，让更多的复工企业加入这个平台，使上下游企业对复工复产困难实现持续追踪、持续协调。他们的这种自动、自愿、自觉、自发的行为可能是任何一个管理者都想不到的，但是却为企业带来很大的收益，解决了社会难题。

（三）调动基层，发挥其积极性和主动性

在动员基层员工方面，丰田应该是做得最好的企业之一。丰田的一贯主张是"好产品、好主意"，早在 1951 年丰田就设立了本公司职员和工人可随时提出自己对公司的经营管理、技术革新等方面合理化建议的制度。之后丰田公司对此不断完善，形成了"建议制度——无止境的合理化"。这种建议包含两类：一类是认为原做法不合理的，提出合理化建议；另一类是原来做法合理的，提出改进建议，形成持续改进方案。这个制度的推行，让丰田每年能收到来自员工的几十万条意见和建议，几十年都是如此，我们能够想象组织会优化到什么样的程度。

合理化建议和持续改善的思维已成为丰田精益生产之魂。在丰田有重要的三句话：

多提方案比提出好的方案更有价值。

不允许对员工的提案，用评论家的口气提出质疑。

没有替代方案就别轻言反对。

这三句话，为员工提出合理化建议和改善计划提供了宽松的组织氛围和环境，也激发了员工的行动力，让员工着了魔似的为公司贡献各种小点子，以减少工作中的浪费、降低成本。

合理化建议和持续改善的假设是，生产一线的员工每天都要进行重复、单调的工作，而人性是追求多样的，过于单调只会造成员工对工作产生倦怠，甚至会使员工讨厌工作，从而造成生产效率的低下。著名的丰田生产方式的创始人大野耐一曾经写过这么一段话："没有人喜欢自己只是螺丝钉，工作一成不变，只是听命行事，不知道为何而忙。丰田做的事很简单，就是真正给员工思考的空间，引导出他们的智慧。员工奉献宝贵的时间给公司，如果不妥善运用他们的智慧，才是浪费。"可见，员工的智慧才是组织竞争力的源泉。

为了让员工能够提出合理化建议和持续改进工作，丰田鼓励员工去观察、思考，提倡工作不仅用手和脚，还要用脑。为此大野耐一甚至提出了"大野圆圈"观察法，具体做法是在工厂的地面上画一个圈，要求员工一整天都站在圈内观察，管理者每隔2个小时检查一下员工看到了什么。他意在通过这种方法，让员工深入细致地观察和思考，从而提出改进意见。

合理化建议体现了职工的主人翁精神，展现了职工的聪明才智。征集合理化建议，一直是企业改进管理、挖潜降耗、拓展新产品及营销思路必不可少的手段之一，是对技术研发工作的有益补充，是提高企业经济效益的重要方式。

（四）赋能基层，要加强班组建设

从中国企业的发展史来讲，班组建设并不陌生。早在1959年，党中央在全国"群英会"上将劳动竞赛的原则概括为比先进、学先进、赶先进、帮后进、超先进，后人们将其简称为"比、学、赶、帮、超"。

具体来讲，"比"，就是找到差距。首先跟自己比，看到进步的空间，再跟同事比、跟比自己优秀的人比，看到更大的进步空间。"比"是基础，通过比，发现差距，看到前进的方向。"学"是核心，是清楚与目标之间的差距后，向一切比自己优秀的人学习，提升自己的知识与能力。"赶"是关键，通过学习，努力缩小、拉平与优秀者之间的差距。"帮"是方法，是帮助弱者，以班组为单位，大家共同进步，而不仅仅局限于自身。"超"是目标，是超越目标，超越自我，让自己站在更高的位置上，或者达到更高的标准。不过"超"也是下一轮"比、学、赶、帮、超"的起点，通过这样的循环，最终拉动生产效率的提升。

"比、学、赶、帮、超"其实是一种促进基层群众开展生产的方式。在 20 世纪 60 年代，党和国家通过"比、学、赶、帮、超"和以班组为单位的劳动竞赛，激发了工人们的劳动热情，最终把当时的工业生产推向一个新的阶段。

20 世纪 80 年代后，随着经济改革的不断推进，中国经济实现了从计划经济体制向社会主义市场经济体制的转变。员工和企业之间逐渐构建出一种新型的劳动关系，从过去的终身制向合同制转变，企业经营从国家包干到自负盈亏，班组建设也更加注重经济效益、产品质量和同行竞争。1986 年和 1992 年，国家有关机构召开了两次全国班组工作会议，并颁发了《关于加强工业企业班组建设的意见》和《关于适应企业经营机制转换，进一步加强工业企业班组建设的意见》两个文件，对于班组建设进行总结和指导。

进入 21 世纪，知识经济不断发展，同时 80 后、90 后的员工步入职场，他们有着和过去不同年代员工不一样的心理需求，班组建设不仅仅在于提升生产效率，还需要给予员工心理关怀，关注员工成长，使班组成为满足员工不同诉求的渠道，从而营造出良性的组织氛围。

直至今天，班组建设依然是企业发展的重要方式和手段，它在提升员工能力，激发员工积极性、主动性和创造性方面发挥着非常重要的作用，并且产生了新的形式。比如国家电网探索出的"生命体"班组建设，提出班组建设应该由卓越执行的"细胞群"向充满活力的"生命体"转变的思路。"细胞群"基于任务和分工，而"生命体"则基于系统和全局，是整合的形式。国家电网公司班组建设课题组成员闫百祥曾比喻说："做一件衣服，需要有人织布，有人设计，有人裁剪，有人缝扣子，总之需要不同工种的人、不同种类的班组共同完成。这些分工明确的班组，以'细胞群'的形式完成一项任务。随着技术的发展，完全只需一个人操作 3D 打印机就可以完成衣服的加工制作。班组'生命体'就相当于 3D 打印机。"这说明班组建设正在发生着重大变化。在过去每个班组都是一个细胞，它只是在整个组织生产链条上的一个环节，强调的是任务的完成度、效率的高低，而现在班组成为一个独立的生产单元，是一个独立的"生命体"。在国家电网，作为"生命体"的班组对人才发展提出要求，同时通过"班组微讲堂"，与文化讲坛、专家讲坛、导师带徒、健康知识传授等方式相结合，人才的素质和能力不断提升，又促进了"生命体"班组的成长与发展。个人成长和自我价值实现与组织发展得以良好结合。

（五）授权基层，让听得见炮火声的人来决策

任正非在 2009 年发表讲话，呼吁让听得见炮火声的人来决策。在这次讲话中，任正非提到自己过去的认知偏差，认为赋能一线就是派机

关干部下到一线去，但是最终发现这种方式并没有解决问题，只是增加了成本。

最终，华为通过构建"铁三角"去赋能一线解决问题，也就是赋能贴近终端的基层组织。在这一架构下，客户经理、产品经理和交付经理三者紧紧抱在一起，聚焦客户需求，一旦摸清了"敌情"，就可以向后方呼唤炮火，让后方变成系统支持力量，后方必须及时、有效地提供支持与服务，以及分析监控战情。公司机关不要轻言总部，机关不代表总部，更不代表公司，机关是后方，必须给前方支持与服务，不能颐指气使。

这样做的好处是"把决策权根据授权规则授予一线团队，后方起保障作用"。传统战争是将领运筹帷幄之中，决胜千里之外，比如《三国演义》的锦囊式作战法。所谓锦囊式作战法就是诸葛亮在手下将士出征前，把自己对未来战场出现各种情况的应对之策写在纸条上，装入一个小袋子里，让将士到时候打开，按照纸条上的安排采取行动。当然，它是诸葛亮的专利，司马懿、孙权、曹操都玩不转。这种做法是前线将领不用动脑即可完成的。

而现代战争中，前线情况瞬息万变，锦囊式作战法和运筹帷幄于千里之外已经不可能，这就需要调动一线团队的主动性、积极性。任正非提出让听得见炮火声的人来决策，就是调动一线团队的主动性和积极性，加强他们的作战能力。

但是调动一线团队的主动性、积极性，让他们自主地呼唤炮火，自主决策，说起来容易，问题是：如何在组织中落地呢？很多组织的后台基本不听前台的，前台直面客户压力，急需资源支持，但是后台却往往波澜不惊，慢条斯理，导致企业日渐衰败。这是因为人们都愿意到后台而不愿意到前台去。

华为解决这个问题的办法有两个：一是通过无依赖的市场压力传递，二是给予一线团队名与利。无依赖的市场压力传递，在《华为基本法》中就有明确规定，以便让组织处于激活状态，能够给予前方支援。给前线一线人员名与利是指同样岗位，一线员工比后端员工的职级和工资要高一级或半级，让一线的员工有积极性，从而也吸引员工从后端到一线来。不过在很多组织中，后端员工的职级和工资总是比一线员工高，这样赋能和授权一线员工就很难落实。

当然，任正非也指出，"炮火也是有成本的，谁呼唤了炮火，谁就要承担呼唤的责任和炮火的成本"。

敢打硬仗、能打胜仗的
干部队伍

中国共产党的组织强在哪？笔者认为，强在组织的骨骼系统，强在打造了一支能带队伍、敢打硬仗、能打胜仗的干部队伍。中国共产党的军队打仗冲锋时，往往是干部振臂一呼："同志们跟着我冲啊！跟着我上啊！"国民党军队的军官往往是让士兵往前冲，而自己却往后站。这就是当年共产党干部与国民党军官的区别。

干部之意，有广义和狭义之分：从狭义角度来讲，就是担任一定领导和管理职务的人，即手下有兵，能带团队、带队伍；从广义角度来讲，就是决定组织生存和发展的核心骨干人才，不仅包括担任一定领导、管理职务的人，还包括组织的核心技术人才、专业人才和骨干技能型人才等。

本章所讲的干部，指的是狭义的"干部"，就是组织的中高层管理者。在新时代，组织更需要以内在的确定性来应对外部的不确定性，而内部最大的确定性就是干部队伍的稳定、团结与战斗力。干部稳，队伍就不会乱；干部团结，队伍就坚如磐石；干部有战斗力，带头冲锋陷阵，队伍就势不可挡，就能持续打胜仗。在不确定性越来越大的当下，企业要以不变应万变，要以变应变，最重要的抓手，就是干部队伍建设。

一、政治路线确定之后，干部就是决定因素

从中国共产党的历史来看，党从早期就重视对人才的培养。1922年7月召开的中国共产党第二次全国代表大会制定的党章，首次使用了"干部"一词（该词现主要用来指在组织中担任公职的人员，在企业中引申用于指代企业管理人员）。

（一）在革命时期把干部打造成中国革命的钢刀利刃

1925 年 10 月召开的中国共产党第四届中央执行委员会第二次扩大会议就强调了对人才和干部培养的重要性，决定开办两类党校：一类是地委之下的普通党校，其任务是训练工人党员；一类是区委之下的高级党校，其任务是训练政治素质较高和已有工作经验的党员。会后，党在北京建立了一所高级党校，用来培养党的干部。此外，党还选派优秀青年到农民运动讲习所和黄埔军校学习。农民运动讲习所在彭湃、阮啸仙、谭植棠、毛泽东等人的主持下连续举办了六届，共为 20 个省、区培训了 700 多名农民运动骨干，其中很多人后来成为党的著名领导者。

1926 年 7 月，中国共产党第四届中央执行委员会第三次扩大会议召开，进一步对干部队伍建设提出要求。当时中共中央组织部统计，全国至少需要区、地委（或部委）、特支工作人才 355 人，而事实上只有 120 人左右，仅为实际需要的三分之一。为此，会议决定"应竭力养成工作人才"。

1928 年 6 月 18 日至 7 月 11 日，中国共产党在莫斯科举行第六次全国代表大会，提出贯彻干部工人化的方针，并强调这是一个为改良自己指导的长期的坚决的有系统的工作，不容许有任何动摇。

1930 年 5 月，毛泽东同志率领红四军第二纵队到达江西寻乌。此时红四军正在贯彻古田会议决议，不允许干部随意打骂下属。但是很多干部不打不骂就不敢、不会管理了，也变得无所适从。

毛泽东针对当时的情况，深入部队调查、研究掌握情况后，召集大队以上的干部开会，讲了七条干部管理的方法：

一是干部要深入群众，要群众化。即政治上平等，将群众视为阶级兄弟。

二是干部要时刻关心战士，体贴战士。

三是干部要处处以身作则，做战士的表率。

四是干部要学会发动战士自己教育自己，自己管理自己。

五是说服教育重于惩罚。

六是宣传鼓动重于指派命令。

七是赏罚要分明。

毛泽东提出的七条干部管理方法推动了古田会议精神的贯彻落实，成为军队管理工作的重要原则。

1933 年 3 月，中央根据地创办了马克思共产主义学校（中共中央党校的前身），主要培养党政、工会的干部；1932 年以后还先后创办了瑞金列宁师范学校、中央列宁师范学校、江西第一短期师范学校、列宁团校、职工运动高级训练班、高尔基戏剧学校等，培养各方面的干部和技术人才。

在 1935 年的瓦窑堡会议上，中国共产党把"必须大数量的培养干部"确定为党的一项任务。

1937 年 5 月 8 日，毛泽东在中国共产党全国代表会议上作了题为《为争取千百万群众进入抗日民族统一战线而斗争》的讲话，在谈到干部问题时指出：

> 指导伟大的革命，要有伟大的党，要有许多最好的干部。在一个四亿五千万人的中国里面，进行历史上空前的大革命，如果领导者是一个狭隘的小团体是不行的，党内仅有一些委琐不识大体、没有远见、没有能力的领袖和干部也是不行的……我们党的组织要向全国发展，要自觉地造就成万数的干部，要有几百个最好的群众领袖。这些干部和领袖懂得马克思列宁主义，有政治远见，有工作能

力，富于牺牲精神，能独立解决问题，在困难中不动摇，忠心耿耿地为民族、为阶级、为党而工作。党依靠着这些人而联系党员和群众，依靠着这些人对于群众的坚强领导而达到打倒敌人之目的。这些人不要自私自利，不要个人英雄主义和风头主义，不要懒惰和消极性，不要自高自大的宗派主义，他们是大公无私的民族的阶级的英雄，这就是共产党员、党的干部、党的领袖应该有的性格和作风……还要作为一种任务，在全党和全国发现许多新的干部和领袖。我们的革命依靠干部，正像斯大林所说的话："干部决定一切。"

在这个讲话中，毛泽东不仅强调了干部的重要性，提出了发现和培养干部的任务，还提出了对干部的要求，代表了当时党对干部的认识。

1937 年 11 月 1 日，在延安陕北公学开学典礼上，毛泽东发表了讲话《目前的时局和方针》，指出："我们要造就大批的民族革命干部，他们是有革命理论的，他们是富于牺牲精神的，他们是革命的先锋队。只有依靠成千成万的好干部，革命的方针与办法才能执行，全面的全民族的革命战争才能出现于中国，才能最后战胜敌人。"

1938 年 9 月 29 日至 11 月 6 日，党的扩大的六届六中全会在延安召开。这次会议被毛泽东称为"决定中国之命运"的会议，它进一步明确了毛泽东的领导地位，解决了党的统一领导问题。

干部直接决定着组织的效率和力量。在这次会议上，毛泽东作出"政治路线确定之后，干部就是决定的因素"的重要论断，并认识到"中国共产党是在一个几万万人的大民族中领导伟大革命斗争的党，没有多数才德兼备的领导干部，是不能完成其历史任务的"。

也是在这次会议上，毛泽东发出了在全党开展马克思列宁主义教育运动的号召。他说："我希望从我们这次中央全会之后，来一个全党的学习竞赛，看谁真正地学到了一点东西，看谁学的更多一点，更好一点。在担负主要领导责任的观点上说，如果我们党有一百个至二百个系统地而不是零碎地、实际地而不是空洞地学会了马克思列宁主义的同志，就会大大地提高我们党的战斗力量，并加速我们战胜日本帝国主义的工作。"

为了培养干部，中国共产党在陕甘宁边区创办了中国人民抗日军事政治大学（简称抗大）、马列学院、中国女子大学、陕北公学等多所干部学校。

中央领导均在学校任教，毛泽东不仅为抗大制定了教育方针和校训，还亲自授课。他说："他们请我讲课，我也愿意去当教员。"在抗大第二期，毛泽东讲授辩证法和唯物论，每星期讲 2 次，每次约 4 个小时。

中国共产党在培养人才的理念上，第一强调必须有正确的政治目标，坚定正确的政治方向，围绕正确的政治方向进行教育；第二讲求务实的能力；第三锤炼严格的作风，使之保持持久的爱国热情，磨掉所有的小资产阶级的自由散漫、骄傲、狂热，把干部打造成中国革命的钢刀利刃。

在抗日战争期间，党创办的这些学校为人民军队和抗日根据地的各项事业培养了数以万计的骨干。抗大共培养了十余万名军政干部；陕北公学在近四年的时间里共培训干部 1.1 万余人；鲁迅艺术学院从 1941 年开始强调正规化专业化，共培训各类人才 1 400 余人。这些学校尤其是抗大培养的人才有力地支持了抗日战争，以至于侵华日军头目冈村宁次叫嚣："消灭了抗大就是消灭了边区的一半。"

新中国成立后，新形势下需要新的干部政策。1953 年中央召开了第二次全国组织工作会议，明确提出了过渡时期党的组织工作的重要任务，重点讨论了党的干部政策，对加强干部管理、干部审查和思想理论教育作出部署。

1956年召开的党的八大，高度重视党的自身建设，在培养干部方面，提出要着重提高党员标准和干部素质，反对任何特权思想和特权现象，大力发扬密切联系群众的优良传统。

这一时期党还提出了"又红又专"的干部任用标准，要求"我们各行各业的干部都要努力精通技术和业务，使自己成为内行，又红又专"。这里的"红"是指具有坚定、正确的政治方向，拥护党的领导；"专"是指要学习和掌握专业知识，成为本行业的内行和能手。"又红又专"指导思想的提出代表着党对如何搞好自身干部队伍建设进行的卓越探索。在"又红又专"思想的指导下，各行各业出版了一系列怎样做一个"又红又专"的干部的相关指导书。

（二）关键时期选好接班人，使党内信得过，人民信得过

1979年7月，邓小平同志在青岛接见中共海军委员会常委扩大会议全体同志时，针对当时中国共产党领导人面对的问题，指出"解决组织路线问题，最大的问题，也是最难、最迫切的问题，是选好接班人"，并据此确立了实现干部队伍的"四化"（革命化、年轻化、知识化、专业化）方针，推动建立起老干部离退休制度，致力于恢复党的组织原则、组织纪律和优良传统。

20世纪80年代末90年代初，面对国际局势的风云变幻，尤其是东欧剧变、苏联解体，西方敌对势力通过"和平演变"改变中国社会发展道路和意识形态的企图，邓小平同志更是指出迎接21世纪的领导干部必须在政治上有坚定的信仰，要取信于民，使党内信得过，人民信得过。

随着国际形势发生巨大而深刻的变化，我国改革开放和现代化建设

进入关键时期。江泽民同志敏锐地洞察到我国社会环境发生的新变化和干部队伍建设出现的新情况，指出我们务必高瞻远瞩，采取有力措施，把各级领导班子建设好，以保证老一辈无产阶级革命家开创的事业代代相传。他极具远见地提出，必须保证党和国家的各级领导权掌握在忠诚于马克思主义的人手里。这一条做好了，就能"任凭风浪起，稳坐钓鱼船"。他强调要加快干部人事制度改革步伐，并明确提出了干部人事制度改革的目标、原则、内容和方法步骤。

江泽民同志指出，推进干部制度改革的总目标是，从我们的国情出发，通过深化改革，逐步创造一个公开、平等、竞争、择优的用人环境，建立一套干部能上能下、能进能出、充满活力的管理机制，形成一套法制完备、纪律严明的监督体系。

江泽民同志也十分重视年轻干部工作。他提醒广大年轻干部，人生历程中最宝贵的年华是青年和中年时期，务必要好好珍惜，切不可虚度光阴。他寄语年轻干部：刻苦学习，勤奋工作，勇于创造，自觉奉献。江泽民同志强调，要做好选拔和培养优秀年轻干部的工作，必须进一步解放思想，一要不拘一格，二要加强磨炼，三要人才辈出。

2007 年，党的十七大召开，党中央站在党完成执政兴国历史任务的战略高度，将党的执政能力建设和先进性建设作为主线，再次强调"以造就高素质党员、干部队伍为重点加强组织建设"。

（三）与时俱进，打造铁的队伍，匡正选人用人风气

十八大以来，习近平总书记围绕干部队伍建设和干部管理使用也做了大量的论述。

（1）打造铁的队伍。2015 年 12 月 11 日，习近平总书记在全国党校工作会议上指出，实现中华民族伟大复兴的中国梦，关键在于培养造就一支具有铁一般信仰、铁一般信念、铁一般纪律、铁一般担当的干部队伍。

（2）明确新时代选人用人的基本原则。2017 年 10 月 18 日，习近平总书记在党的十九大报告中指出：要坚持党管干部原则，坚持德才兼备、以德为先，坚持五湖四海、任人唯贤，坚持事业为上、公道正派，把好干部标准落到实处。

（3）指明干部的努力方向。2020 年 10 月 10 日，习近平总书记在秋季学期中央党校（国家行政学院）中青年干部培训班开班式上指出：面对复杂形势和艰巨任务，我们要在危机中育先机、于变局中开新局，干部特别是年轻干部要提高政治能力、调查研究能力、科学决策能力、改革攻坚能力、应急处突能力、群众工作能力、抓落实能力，勇于直面问题，想干事、能干事、干成事，不断解决问题、破解难题。

（4）改进年轻干部的培养选拔。早在 2013 年 6 月 28 日，习近平总书记就在全国组织工作会议上指出：培养选拔年轻干部，事关党的事业薪火相传，事关国家长治久安。加强和改进年轻干部工作，要下大气力抓好培养工作。对那些看得准、有潜力、有发展前途的年轻干部，要敢于给他们压担子，有计划安排他们去经受锻炼。这种锻炼不是做样子的，而应该是多岗位、长时间的，没有预设晋升路线图的，是要让年轻干部在实践中"大事难事看担当，逆境顺境看襟度"。要形成一种风气，年轻干部都争先恐后到艰苦岗位、到基层去，并以此为荣。干部成长是有规律的，年轻干部从参加工作到走向成熟，成长为党和国家的中高级领导干部，需要经过必要的台阶、递进式的历练和培养。

（5）及时发现和使用好好干部。2020 年 6 月 29 日，习近平总书记在十九届中央政治局第二十一次集体学习时指出，好干部是选拔出来的，也是培育和管理出来的。要加强干部教育培训，使广大干部政治素养、理论水平、专业能力、实践本领跟上时代发展步伐。

（6）匡正选人用人风气。2017 年 10 月 18 日，习近平总书记在党的十九大报告中指出：坚持正确选人用人导向，匡正选人用人风气，突出政治标准，提拔重用牢固树立"四个意识"和"四个自信"、坚决维护党中央权威、全面贯彻执行党的理论和路线方针政策、忠诚干净担当的干部，选优配强各级领导班子。

（7）从严治党，关键是从严治吏。早在 2013 年 6 月 28 日，习近平总书记就在全国组织工作会议上指出：党要管党，首先是管好干部；从严治党，关键是从严治吏。要把从严管理干部贯彻落实到干部队伍建设全过程。要坚持从严教育、从严管理、从严监督，让每一个干部都深刻懂得，当干部就必须付出更多辛劳、接受更严格的约束。

（四）高级干部是干部队伍建设的"牛鼻子"

在干部队伍建设中，党尤为重视高级干部队伍建设。"高级领导干部"是干部队伍中的"关键少数"，是党员、干部队伍中的排头兵、领头羊，对党和国家具有特殊重要性。抓住高级干部，就是抓住了干部队伍建设的"牛鼻子"。

毛泽东就非常重视高级干部队伍建设，不过当时高级干部被称为"群众领袖"。

早在 1937 年，毛泽东就指出："我们党的组织要向全国发展，要自觉地造就成万数的干部，要有几百个最好的群众领袖。这些干部和领袖懂得马克思列宁主义，有政治远见，有工作能力，富于牺牲精神，能独立解决问题，在困难中不动摇，忠心耿耿地为民族、为阶级、为党而工作。"

毛泽东对干部尤其是高级干部提出过一系列的要求，最重要的是政治上的要求。为了把系统掌握马克思主义落在实处，在延安整风运动中，党专门成立高级干部组成的多个高级学习组，毛泽东亲任中央学习小组组长，把加强高级干部的理论学习、打通高级干部的思想作为重点。

新中国成立前夕，毛泽东同志更加重视高级干部的理论学习，陆续推荐过多本书。1949 年召开的七届二中全会向高级干部推荐了 12 本，包括《社会发展史》《政治经济学》《共产党宣言》《社会主义从空想到科学的发展》等。毛泽东同志强调："对宣传马克思主义，提高我们的马克思主义水平，应当有共同的认识，而我们许多高级干部在这个问题上至今还没有共同的认识。如果在今后三年之内，有三万人读完这十二本书，有三千人读通这十二本书，那就很好。"

毛泽东在提升高级干部的理论修养上可以说是持之以恒。1964 年 2 月，他在中宣部关于组织高级干部学习马克思、恩格斯、列宁、斯大林著作的请示报告上批示："此件看过，很好，可以立即发下去。"1970 年，他又指定 250 多位中央委员和候补中央委员读九本马列著作，并说学好马列主义不容易，联系实际用好马列主义更困难。1971 年，毛泽东在外地巡视期间还嘱咐各地方负责人："我希望你们今后多读点书。高级干部连什么是唯物论，什么是唯心论都不懂，怎么行呢？""你们都是书记，你们还要当学生。"

毛泽东不仅要求高级干部读书，还要求高级干部学会运用马克思主义的立场、观点、方法，观察和解决革命、建设中的实际问题。毛泽东还要求高级干部团结，他认为只要中央与高级干部是团结的，全党必能团结，只要共产党团结，必然无坚不破。他要求高级干部必须紧密团结在中央的周围，坚决执行中央制定的路线和方针。

毛泽东同志提出要加强对高级干部的纪律要求。1937 年，黄克功案件中，毛泽东在写给陕甘宁边区高等法院院长雷经天的信中说："正因为黄克功不同于一个普通人，正因为他是一个多年的共产党员，是一个多年的红军，所以不能不这样办。共产党与红军，对于自己的党员与红军成员不能不执行比较一般平民更加严格的纪律。"1951 年，在刘青山、张子善的案件中，毛泽东同志没有因为他们地位高、功劳大、影响大而批示从宽处罚，而是依法处决。

习近平总书记曾指出："在党内，谁有资格犯大错误？我看还是高级干部。高级干部一旦犯错误，造成的危害大，对党的形象和威信损害大。我们绝大多数党的高级干部在思想上、政治上、作风上是过硬的。但是，也有少数高级干部身居高位久了，慢慢疏远了群众，出现了这样那样脱离群众的现象，个别的甚至违法乱纪、以权谋私、腐化堕落。高级干部必须时刻警醒自己，做到自重自省自警自励。"

在中共十八届六中全会 6 000 多字的公报中，"高级干部"一词先后出现了 10 次，明确对高级干部的要求：

（1）加强和规范党内政治生活，关键是高级干部："新形势下加强和规范党内政治生活，重点是各级领导机关和领导干部，关键是高级干部特别是中央委员会、中央政治局、中央政治局常务委员会的组成人员。"

（2）高级干部必须以身作则："高级干部特别是中央领导层组成人员必须以身作则，模范遵守党章党规，严守党的政治纪律和政治规矩，坚持不忘初心、继续前进，坚持率先垂范、以上率下，为全党全社会作出示范。"

（3）高级干部要以实际行动让党员和群众感受到理想信念的强大力量："全党同志必须把对马克思主义的信仰、对社会主义和共产主义的信念作为毕生追求，坚定对中国特色社会主义的道路自信、理论自信、制度自信、文化自信。领导干部特别是高级干部要以实际行动让党员和群众感受到理想信念的强大力量。"

（4）高级干部必须自觉增强党性修养："全党必须毫不动摇坚持马克思主义指导思想，党的各级组织必须坚持不懈抓好理论武装，广大党员、干部特别是高级干部必须自觉抓好学习、增强党性修养。"

（5）考察识别高级干部必须首先看是否坚定不移贯彻党的基本路线："必须把坚持党的思想路线贯穿于执行党的基本路线全过程，在实践中检验真理和发展真理，不断推进马克思主义中国化。考察识别干部特别是高级干部必须首先看是否坚定不移贯彻党的基本路线。"

（6）高级干部在大是大非面前不能态度暧昧："党员、干部特别是高级干部在大是大非面前不能态度暧昧，不能动摇基本政治立场，不能被错误言论所左右。"

（7）高级干部要向党中央看齐："党的各级组织、全体党员特别是高级干部都要向党中央看齐，向党的理论和路线方针政策看齐，向党中央决策部署看齐，做到党中央提倡的坚决响应、党中央决定的坚决执行、党中央禁止的坚决不做。"

（8）高级干部必须时刻牢记自己第一身份是党员："全体党员、干部特别是高级干部必须增强党的意识，时刻牢记自己第一身份是党员。"

（9）高级干部必须带头从谏如流："党的领导机关和领导干部对各种不同意见都必须听取，领导干部特别是高级干部必须带头从谏如流、敢于直言。"

（10）高级干部必须带头践行社会主义核心价值观："领导干部特别是高级干部必须带头践行社会主义核心价值观，讲修养、讲道德、讲诚信、讲廉耻。"

2022 年 1 月 18 日，习近平总书记在中国共产党第十九届中央纪律检查委员会第六次全体会议上发表重要讲话。在讲话中，习近平两次提到"领导干部特别是高级干部"，强调各级党委（党组）要履行党内监督的主体责任，突出加强对"关键少数"特别是"一把手"和领导班子的监督。他叮嘱领导干部特别是高级干部，"一定要重视家教家风，以身作则管好配偶、子女，本分做人、干净做事"。

正是因为抓住了"高级干部"这个牛鼻子紧紧不放，党才有了一支坚强有力、信念坚定、作风优良、格局广大、视野宽广、大公无私的干部队伍，成为人民群众可以信赖的领导力量。

（五）中国共产党干部培养的经验

从以上可以看出，一百多年来，共产党的干部培养从革命年代提出"有计划地培养大批的新干部，就是我们的战斗任务"，到新中国成立初期提出"又红又专"，然后到改革初期确立干部"四化"方针、开展"第三梯队"建设，再到新时代强调"培养造就一代又一代可靠接班人"，解决了领导干部青黄不接的问题，确保党的干部增量纯洁、存量鲜活，使执政党肌体永葆健康。

具体而言，中国共产党对干部的培养、使用与管理具体体现在：

（1）必须善于识别干部。中国共产党特别注重对干部的识别，识别的维度是：德才兼备、以德为先。识别干部不仅关注干部在大是大非面前的表现，对一些细节也要清清楚楚、明明白白。识别的主要方法是进行干部审查。在特殊的革命战争年代，可以说，是极为严苛的干部审查，保证了干部队伍的纯洁和党组织的肌体健康。

（2）重视培养干部。正如习近平指出的："好干部不会自然而然产生。成长为一个好干部，一靠自身努力，二靠组织培养。"

在干部培养方面，最为典型的是抗大，即使用最为严格的标准来衡量，抗大的干部培养也是极为成功的。它在1936年成立至1945年结束办学期间，培养了十余万名抗日干部，为抗日战争的胜利奠定了坚实基础。

新中国成立后，中国共产党建立了很多干部教育培训基地，包括各级党校、干部学院等机构，大批干部进入党校、大学、各种培训班学习。

改革开放以后，我党不断加大对干部的教育培训力度，给干部创造学习机会，创新改进培训方式，不断丰富干部学习内容，把干部教育培训工作制度化、规范化。到现在，党中央设有中共中央党校（国家行政学院）、中国浦东干部学院、中国井冈山干部学院、中国延安干部学院等专门培养干部的国家级干部培训院校，让干部们不断地回炉再造，保持党性。

（3）必须善于使用干部。中国共产党非常注重对干部的实践锻炼，采取多岗锻炼、交流任职、异地挂职等方式，让干部到基层一线历练。比如毛岸英从苏联学习归来后，先后学种地、搞土改、做宣传、当秘书、到工厂当党委副书记。党就是通过对干部的这种实践锻炼让干部在成长过程中不断"接地气""墩墩苗"，让干部经受严冬冰雪、风霜雷电的磨炼，从而根深茎壮，能够担责抗压。

（4）必须善于爱护干部。爱护的办法是：

指导他们。这就是让他们放手工作，使他们敢于负责；同时，又适时地给以指示，使他们能在党的政治路线下发挥其创造性。

提高他们。这就是给以学习的机会，教育他们，使他们在理论上、在工作能力上提高一步。

检查他们的工作，帮助他们总结经验，发扬成绩，纠正错误。有委托而无检查，及至犯了严重的错误，方才加以注意，不是爱护干部的办法。

对于犯错误的干部，一般地应采取说服的方法，帮助他们改正错误。只有对犯了严重错误而又不接受指导的人们，才应当采取斗争的方法。在这里，耐心是必要的；轻易地给人们戴上"机会主义"的大帽子，轻易地采用"开展斗争"的方法，是不对的。

照顾他们的困难。中国共产党在对干部严格要求的同时，也会尽力照顾他们的困难。干部遇到疾病、家庭等生活方面的困难时，组织在尽可能的限度内用心给以照顾。

（5）对干部严格要求，对干部提标准、提要求。在抗大讲演时，毛泽东要求抗大学员要上好"三课"：首先要从西安走完八百里到达延安；其次要住得惯延安的窑洞、吃得下西北黄土地上的小米、出操上课；最后也是最重要的，就是在斗争中学习。他还要求抗大学员决心做好"三个牺牲"：牺牲升官，牺牲发财，为四万万五千万同胞牺牲自己。这些归结到一点，是要求学员信念坚定、吃苦耐劳、无私奉献。之后随着革命和建设事业的不断发展，党对干部的要求和标准在内容和侧重上也有所变化，但从"又红又专"到"信念坚定、为民服务、勤政务实、敢于担当、清正廉洁"都对干部的成长和工作提出了明确要求。

（6）建立专门的干部管理机构与监督机构。1924年，中央正式决定分设组织、宣传、工农等部，毛泽东为中央组织部部长，罗章龙为中央宣传部部长。从此，中国共产党的干部与组织管理有了常设的专门机构，干部与组织管理进入正规化阶段。1927年，中国共产党第五次全国代表大会正式设立中央监察委员会。1949年，党中央作出了《关于成立中央及各级党的纪律检查委员会的决定》，自此，将反对干部消极腐败、建设干部廉洁政治作为重要的组织建设目标，并一直持续到今天。

二、企业如何打造强力干部队伍

（一）企业中的很多问题是干部队伍问题

据笔者的观察，在很多企业中，有很多干部，甚至是高层干部对组织的认同感严重不足，与组织离心离德，没有建立起与组织共有的目标与追求。笔者有一位咨询客户分享过他公司的一个故事。在一次公开的讨论会上，一位副总裁跟老板讲："老板，你定义的使命、愿景，那是你的事业目标，不是我的事业目标，那是你要去追求的，而不是我要追求的。"这是公开表达的，还有多少没有公开表达的就不得而知了。这种现象在企业中绝非个别。这时企业就应向中国共产党学习，因为中国共产党一直把政治要求放在干部要求的首位。对组织来讲，干部的政治要求就是与组织的战略、目标保持一致。

部分企业的干部缺乏使命感与责任感：面对挑战与困难，不敢主动担责、大胆行权；面对日常工作，形式主义和官僚主义倾向严重，沉湎于文山会海，依赖 PPT 与报告进行管理，深入一线调查研究不够，满足于经验管理、教条执行；热衷于内部和对上沟通，缺乏求真务实的工作态度；部分干部成就欲望减弱，满足于已有成绩，患得患失，不愿打破舒适区，主动开拓新业务、奔赴新机会建功立业的意愿淡化。

一些企业干部职级升上去以后，工作作风逐渐倾向于官僚主义、形式主义，远离市场与客户，这将使企业面临被市场与客户抛弃的巨大威胁。在数智化转型时代，企业面临的最大的挑战是干部不学习，导致干部的职业能力滞后、领导力不足，许多干部的观念陈旧、思维固化、行为滞后、能力跟不上，成为企业转型升级的最大障碍。

（二）干部队伍建设最核心的要素：使命、责任与能力

1. 使命建设

企业内在的激情和内在的活力来自人的使命感。也就是说，道不同不相为谋，卓越的组织首先是由共同信念者所组成，组织成员尤其是组织干部要有共同的信念、共同的追求和共同的价值取向。信念可以产生

组织的激情，人有信念、有追求，做事就奋不顾身，就有奉献精神，就不会为短期利益所困。人为使命感工作，才能真正做到为了实现组织的愿景与目标而竭尽全力，尽职尽责，持续奋斗。需要说明的是，企业家是企业最大的干部，要使干部队伍有激情，首先是企业家这个领头人要有事业激情。当创业成功，企业家就有了一定的财富，此时往往会面临"小富即安"、不想持续奋斗的发展障碍。如果企业家的目标与追求"封顶"，干部就不可能有超乎寻常的目标与追求。

中国共产党所举办的抗大之所以能短期内培养出大量的干部，原因就在于所有的干部都有同样的信念，都以挽救民族危亡为己任。这是干部培养的前提和基石。同时，党在干部培训中，不断强化这样的信念，并以这样的信念为核心，持之以恒地对干部进行教育、培训以改造思想、增进力量，这就使得整个干部队伍迸发出强大的活力和战斗力。

与之类似，华为明确干部是业务发展与组织建设的"火车头"。公司明确干部队伍始终是引领组织前行的"火车头"，担负着发展业务、构建组织、带领与激励团队的使命与责任。公司各级干部负有在各自组织中传承公司的价值观、塑造积极奋进文化的使命；担负着推动本组织业务发展的责任，通过聚焦客户需求，实施"战斗"、"战役"或"战争"的指挥与决策，抓好本业务的有效增长；负责所属组织的能力建设，以及"作战队伍"的有效激励与持续发展。

2. 责任建设

责任使得一个企业具有理性的力量。优秀的企业是由一群心怀责任感、具有责任担当的人组成的。如果一个企业的员工都有对客户负责的这种责任心，企业的任何一个漏洞就都会有人主动去补，那么这个企业是不容易被市场和客户抛弃的。另外，责任是个人职业生涯的通行证。一个人只要有责任感，在任何地方都会有机会，职业生涯都会前景广阔。

从这个角度讲，责任大于能力，责任成就卓越。如果干部不愿意担负责任，企业转型就难以成功。所以，企业最大的威胁是干部没有责任担当。责任高于一切，中高层干部应该是负责任的表率，转型期企业和落后企业要重塑责任体系。

企业中高层干部缺乏责任感，往往有十大表现：

- 对组织价值观不坚守、不践行，对公司战略目标不认同、不执行、不坚定；

- 面对重大决策不拍板、不决策，怕出事、怯担当，贻误重大市场机会与战略机遇；

- 懒于创新求变，不敢承担变革风险，不愿开拓新事业，工作方法落后；

- 没有担当，不能直面矛盾和问题，或者粉饰问题，避开矛盾和问题，尤其是不敢直面自己的行为所造成的问题，在企业危难关头争当缩头乌龟，甚至临阵脱逃；

- 遇到分歧或不利于组织发展的不良言行，不能旗帜鲜明地表达观点，只想"和稀泥"当老好人；

- 个人凌驾于组织之上，不敬畏制度与规则，漠视组织程序与制度；

- 不承担人力资源管理责任，一方面不关心人、不培养人，另一方面对自己不负责，不自重，不约束自我，不学习，缺乏自我批判精神；

- 远离一线，搞官僚主义、形式主义，高高在上；

- 不信守承诺，对顾客和合作伙伴乱夸海口，不以客户为中心，欺骗客户、忽悠客户；

- 不以组织目标为己任，混日子、讲资历、摆资格，对组织没有新贡献。

责任可以帮助组织摆脱现实的束缚和困境。抗大成立于1936年，位于被联合国认为不适合人类生存与居住的黄土高坡。建设初期，抗大的各种条件非常艰苦，毛泽东同志坦言：我们这里要教员，没有；要房子，没有；要教材，没有；要经费，没有。怎么办？就是要我们艰苦奋斗。抗大的学员们在艰苦的环境中锤炼意志，在残酷的战争中培养奉献精神。他们没有窑洞自己挖，没有粮食自己种，没有布料自己织，没有木炭自己烧，没有经费自己省，没有教具自己做。他们因地制宜，没有纸笔，就把大地当纸、树枝当笔；他们因陋就简，用旧墨水瓶做油灯，用草木灰做肥皂，用盐代替牙膏刷牙。他们之所以这么做，就是因为坚信没有克服不了的困难，这背后是信念和责任在支撑。没有必胜的信念，没有挽救民族的责任感，是很难战胜这些困难的。

3. 能力建设

如果说责任是价值创造的前提，那么能力就是责任担当的基石。卓越的组织是由一批志同道合、具有职业意识和职业能力的人组成的，是由一批心怀责任感、敢于担当的人组成的。卓越的组织需要能力卓越和互补性强的干部团队。在目前这样一个剧变的、错综复杂的时代，我们的中高层干部需要进行能力的升级换代，没有干部观念的转型和能力的升级，企业的转型升级是难以有效推进的。

（三）加强对干部的识别与合理评价，寻找同道中人

对于个体来讲，人各有志，不同的人有不同的追求，这本无可厚非。但是对于组织来讲，要加强对干部的识别，寻找志同道合之人，请那些"身在曹营心在汉"的人离开组织，或者至少离开关键管理岗位。比如前面提到的认为组织的使命和目标是老板的使命和目标，而不是他自己的使命和目标的人，就应该离开干部队伍。当然，让他离开并不是

因为他本人的能力不够，而是因为他与组织的要求、职位不相匹配。

中国共产党一直保持着比较高的干部队伍淘汰率，即使在抗日战争最艰难的时期，也坚持宁缺毋滥，某些地方的淘汰率甚至达到一半以上。好干部和坏干部都会影响队伍，但坏干部的传染性更强。所有组织均需要建立自身干部的标准和底线，保持组织肌体的健康。

比如华为在《华为公司人力资源管理纲要2.0》中确立了"干部是自己打出来"的干部选拔理念，并据此打造了一支具有高度使命感和责任感、敢于担当、勇于牺牲、能引领组织前行的"火车头"队伍。

华为坚持在成功实践中选拔干部、在关键事件中考察干部、在业务实战中磨砺干部的干部管理机制。公司在干部选拔上，坚持"宰相必起于州部，猛将必发于卒伍"的理念，以"上过战场、开过枪、受过伤"为优先标准，基于责任结果，优先从具有一线成功实践经验、对公司发展作出关键贡献、长期坚守艰苦地区和艰苦岗位的人员中选拔干部。在干部任用上，公司不求全责备、不虚位以待。在干部评价上，公司实施干部"能上能下"机制，实施比例为10%的不合格干部末位淘汰，用危机感促使干部担责冲锋。在干部激励上，公司鼓励担责、给"火车头"加满"油"。在干部发展上，坚持自我学习、自我提升的原则，促使干部在"战争"中学习"战争"，在"战斗"中提升能力，对一定层级以上的干部进行按需流动，针对关键岗位构建干部预备梯队。

（四）建立流程化、制度化干部管理与监督体系

企业建立完善的流程化、制度化干部管理与监督体系，首先要有干部管理专业职能机构，如中国共产党组织体系中有专门的干部管理机构——组织部。像华为、小米等优秀企业都成立了专门的干部管理部门，将"建组织、出干部"作为企业组织能力建设的两大核心命题。华

为的总干部部的职责是：重点做好后备干部的选拔、培养、考核、弹劾、配股、调薪、奖金评定等日常人力资源管理操作。人力资源部负责规则的建议、执行和监管，考核支撑，员工招聘，全员学习与发展等人力专业支撑工作。

华为在吸收中国共产党干部管理智慧的基础上，把干部管理的过程体系化、制度化，从而形成"良将如潮"的干部发展长效组织保障机制，并创造性地提出干部管理七连环的系统管理模式，为华为的组织能力建设奠定了坚实的基础。华为在干部监管上，坚持"监管是对干部最大的爱护"，通过有效监管，做到查处分离、宽严有度，让干部既大胆行权又不逾矩。

华为对干部有特别规定，比如对高层管理者来讲，不允许他们购买其他公司的股票。虽然按说每个人拿到工资后有花钱和投资的自由，但是华为认为，华为没有上市，如果高管购买了其他公司的股票，他必然会关注股价的涨跌，这样就很难在工作上投入全部精力，进而影响工作的开展。华为公司还举行董事会自律宣言宣誓大会，通过自我承诺，加强干部的自律意识。

华为 EMT（经营管理团队）自律宣言（2005 年版）

华为承载着历史赋予的伟大使命和全体员工的共同理想。18 年来我们共同奉献了最宝贵的青春年华，付出了常人难以承受的长年艰辛，才开创了公司今天的局面。要保持公司持久的蓬勃生机，还要数十年地继续艰苦奋斗下去。

我们热爱华为正如热爱自己的生命。为了华为的可持续发展，为了公司的长治久安，我们要警示历史上种种内朽自毁的悲剧，决不重蹈覆辙。在此，我们郑重宣誓承诺：

①正人先正己、以身作则、严于律己，做全体员工的楷模。高级干部的合法收入只能来自华为公司的分红及薪酬，除此之外不能以下述方式获得其他任何收入：绝对不利用公司赋予我们的职权去影响和干扰公司各项业务，从中谋取私利，包括但不限于各种采购、销售、合作、外包等，不以任何形式损害公司利益。不在外开设公司、参股、兼职，亲属开设和参股的公司不与华为进行任何形式的关联交易。高级干部可以帮助自己愿意帮助的人，但只能用自己口袋中的钱，不能用手中的权，公私要分明。

②高级干部要正直无私，用人要五湖四海，不拉帮结派。不在自己管辖范围内形成不良作风。

③高级干部要有自我约束能力，通过自查、自纠、自我批判，每日三省吾身，以此建立干部队伍的自洁机制。

我们是公司的领导核心，是牵引公司前进的发动机。我们要众志成城，万众一心，把所有的力量都聚焦在公司的业务发展上。我们必须廉洁正气、奋发图强、励精图治，带领公司冲过未来征程上的暗礁险滩。我们绝不允许"上梁不正下梁歪"，绝不允许"堡垒从内部攻破"。我们将坚决履行以上承诺，并接受公司审计和全体员工的监督。

对中层管理者，华为不断加强监督，形成了一套专门的管理体系。2021年3月30日，任正非在干部管理工作思路沟通会上的讲话中提到，要对干部进行管理和评估，实现干部"能上能下"管理常态化，促进干部队伍的"新陈代谢"，保持整体队伍活力。具体做法是：

（1）坚持管理者10%的不合格和末位调整。

干部在同一岗位或同类岗位待的时间太长，如果没有突破性的思维就容易内卷化，没有生气。干部需要流动，以保持活力。在华为，干部预备资源池已经建立起来了，干部末位淘汰以后进入资源池，重新训战后，有机会再回业务岗位。

（2）做实干部任期制，任用权和使用权分离。

实行任用权和使用权分离，任期内干部使用权优先归用人部门，满任期后收回公司对干部重新任用。同时推动非直管干部逐步实行任期时间管理，结合任期制做抓手，来推动干部的流动，避免干部在同类岗位上"打转转"。

（3）探索干部退出解决方案实操落地的完整架构，逐步形成公司级干部退出管理的工作机制。

任正非提道："干部履责规定中，不做假账要作为一个重要标准。我们所有干部都不要说假话、做假账，要踏踏实实工作。凡是做假账的干部就下岗。如果将来一部分业务慢慢走上资本市场，做假账可能就不是纪律问题，而是涉及法律问题。"

（五）加强对干部管理机构的管理

2018 年 4 月 20 日，任正非在《关于人力资源组织运作优化的讲话》中对总干部部的成立原因作了明确阐述："以前我们的人力资源整体是政策规则要管，具体的人也要管，变得过于权力中心化，也造成两件事都没有完全管好。"任正非曾明确指出：把原来在人力资源部具体管人的权限拿出来，建立一个总干部部。总干部部本身是要管人的，管全局范围协调干部队伍，管跨领域成长、流动，管干部能力成长，管干部的后备平衡体系。任正非还指出，华为现在的人力资源过于权力中心化，容易"指鹿为马"，未来华为的人资体系将包括人力资源体系和干部部体系两个系统。

简单来说，华为设干部部主要是对人力资源管理去中心化，使公司级的人力资源管理工作有了"拐棍"。干部部实际上是对 HRBP（human resource business partner，人力资源业务合作伙伴）理念的管理实践，部长一般由所在部门的二把手兼任。

事实上，干部部是基于分工、专业、效率及责权清晰的组织机构设置基本原则设立的，是华为人力资源管理体系的一次变革。但干部部并不是另起炉灶，而是对原有干部体系的整合。

任正非指出，人力资源政策管理和干部管理都是推动公司前进的动力。人力资源体系要从权力中心变成服务支持中心。总干部部是公司整个干部管理的 COE（center of expertise，专家中心），要把干部、专家、职员全部纳入进来，面向不同业务和对象进行政策适用的差异化匹配。

首先是组织需要高效统筹。任正非说，人力资源体系要把各种规则管好，交给干部部体系去统筹应用，各级干部部是业务领导的助手。

其次是人力资源主管需要赶快补课。任正非指出，华为人力资源主管应该让懂业务（人力资源专业管理能力 + 主航道业务洞察水平等）、有能力的人员上位担责，不懂的要赶快补课，人力资源优化变革的主力部队应该从在一线实践优秀、具有很强洞察与思维能力的指挥员群体或优秀专业人员群体中产生。

归总起来，使机关从管控型走向服务支持型，让公司各部门全体全力朝"多打粮食、增加土地肥力"而奋斗，这是华为人力资源转型的方向。华为总干部部的设立，是华为在十余年构建相对完善的现代人力资源管理体系基础之上所做的一次新组织变革。

无独有偶，2018 年 9 月 13 日，刚刚上市不久的小米也发出内部邮件。在邮件中，雷军宣布新设集团组织部和参谋部。这也被认为是小米史上最大的组织架构变革。

阿里巴巴的 HRBP 又叫 HRG（human resource generalist，阿里巴巴称之为人力资源政委）。2004 年到 2005 年，阿里巴巴就开始打造"政委体系"。阿里巴巴原人力资源副总裁邓康明曾说，阿里巴巴是一个靠道德来治理的公司，他希望"政委体系"的思想渗透到人力资源工作的每一个环节，员工一边做业务一边思考信仰。所有大的业务决策，业务经理都会先征求"政委"的意见。这些企业都把对干部的选拔和培养放在重要的位置上，以支撑企业的发展。

第四章

枪杆子、笔杆子两手抓、两手硬

中国共产党赢在哪里？为什么这个组织有思想，有灵魂，还有战斗力？为什么中国共产党历经各种危机和磨难，任凭外部敌对势力怎么内外攻击，始终攻不破、打不烂、拆不散，仍然安如磐石、坚如铜墙铁壁？笔者认为，中国共产党赢在坚持枪杆子、笔杆子两手抓，两手都够硬。

一、党的枪杆子和笔杆子

（一）枪杆子要硬

1. 革命时期枪杆子里出政权

在党和军队的关系问题上，中国共产党是走过弯路的。在成立的最初阶段，中国共产党把主要精力放在宣传马克思主义和组织工人运动上。但是从四一二反革命政变到中共六大，被杀的中共党员和革命群众有三十多万人，中共党员的数量从大革命高潮时期的近六万人，一下子降到 1927 年 11 月的不到两万人，损失的幅度几乎达 70%！

对于异常残酷的局势，毛泽东早就有所警觉，并在 1927 年 3 月写作的《湖南农民运动考察报告》中向党内同志发出警告："革命不是请客吃饭，不是做文章，不是绘画绣花，不能那样雅致，那样从容不迫，文质彬彬，那样温良恭俭让。革命是暴动，是一个阶级推翻一个阶级的暴烈的行动。"

1927 年 8 月 1 日凌晨，周恩来、贺龙、叶挺、朱德、刘伯承等率领军队 2 万余人，在南昌举行武装起义，经过 4 个多小时的激战，全歼守军 3 000 余人，缴获各种枪 5 000 余支（挺），子弹 70 余万发，大炮数门。自此，中国共产党开始拿起枪杆子干革命。

几天后，在 8 月 7 日的汉口会议上，毛泽东总结前期革命失败的经验教训，认识到中国革命没有枪杆子是不行的，有枪杆子才能打倒反动派，提出了"政权是由枪杆子中取得的"的论断。

尽管有了这样的认识，但当时中国共产党还处在幼年阶段，政治上还不成熟，再加上部队兵员的补充来源主要是农民、游民和俘虏，又加之连续作战，生活艰苦，致使部队中仍存在着单纯军事观点、军阀主义残余、流寇思想、极端民主化等不良思想。针对这些思想倾向，毛泽东在 1929 年 6 月给林彪的信中明确提出了党的"绝对的指挥权""绝对的党领导"等概念。

同年 12 月底召开的古田会议认真总结了南昌起义以来建党建军的经验，确立了人民军队建设的基本原则，重申了党对红军实行绝对领导。党从历史教训中认识到：枪杆子要硬。

1938 年 11 月，毛泽东在中国共产党六届六中全会上动情地说，"共产党员不争个人的兵权（决不能争，再也不要学张国焘），但要争党的兵权……在兵权问题上患幼稚病，必定得不到一点东西……每个共产党员都应懂得这个真理：'枪杆子里面出政权'"，并接着指出："我们的原则是党指挥枪，而决不容许枪指挥党。"这样，毛泽东就从政治原则的高度对党和军队的关系作出了最本质、最形象的概括和表述。此后"党指挥枪"成为党对军队绝对领导的形象化表达。

1940 年 8 月 20 日，在百团大战开始的同一天，朱德发表了《党是军队的绝对领导者》，警示八路军、新四军指挥员必须绝对服从党中央的指挥，并告诫全体官兵必须保障"党的绝对领导"，而党实际上是由党中央直接领导的，因此，实际上也是在告诫全体官兵必须保障党中央的绝对领导。

真正让"党对军队绝对领导"的内涵最终成熟的是皖南事变。皖南事变是第二次国共合作期间,国民党在皖南有预谋地围袭新四军,并导致新四军损失惨重,从而震惊中外的历史事件。

皖南事变的惨重损失,让中共中央痛下决心彻底将"党对军队绝对领导"落到实处。此后,以《中央关于项袁错误的决定》的发布为标志,"服从中央领导与中央军委指挥"成为"党对军队绝对领导"的核心内涵。

在中国共产党的历史文献中,"党性"一词在1941年之前较少出现,而在1941年之后成为热门话题。

中共中央政治局于1941年7月1日召开会议,讨论并通过了王稼祥起草的《中共中央关于增强党性的决定》。决定指出,党内在党性方面存在的问题主要表现在以下三个方面:

一是在政治上自由行动:不请示中央或上级意见,不尊重中央及上级的决定;随便发言,标新立异,以感想代替政策;独断独行,或借故推托;两面态度,阳奉阴违,对党隐瞒。

二是在组织上自成系统,自成局面:强调独立活动,反对集中领导;本位主义;调不动人,目无组织,只有个人,实行家长统制;只要下面服从纪律,而自己可以不遵守;反抗中央;轻视上级,超越直接领导机关去解决问题,多数决议可以不服从;打击别人,抬高自己;在干部政策上毫无原则,随便提拔,随便打击;感情拉拢,互相包庇;秘密勾搭,派别活动。

三是在思想意识上,发展小资产阶级的个人主义,来反对无产阶级的集体主义:一切从个人出发,一切都表现个人;个人利益高于一切;自高自大,自命不凡;个人突出,提高自己,喜人奉承;吹牛夸大,风头主义,不实事求是地了解具体情况,不严肃慎重地对待问题,铺张求表面，不肯埋头苦干，不与群众真正密切联系。

1948 年 9 月 12 日至 1949 年 1 月 31 日，历时 142 天的辽沈、淮海、平津三大战役期间，毛泽东在河北西柏坡一座土坯垒就的平房里，用一部嘀嘀嗒嗒的电台，总计发出 197 封电报。一封封简短的电报，指挥调动着在各大战场上浴血奋战的千军万马，决胜于千里之外。在三大战役期间，解放军共歼灭国民党军队 154 万余人，无论是战争的规模还是取得的战果，在中国战争史上都是空前的，在世界战争史上也是罕见的。

装备精良的国民党军队最终败给了"小米加步枪"的解放军，这是很多人没有预料到的。曾有人质问蒋介石："你时常坐专机，飞来飞去到各个战场一线指挥部下作战，但为什么最终还是输给了坐在世界上最小、最简陋的土'司令部'里，用电话机和电文指挥的毛泽东？"

原因可能有很多，也许国民党及其军队的失败在三大战役之前就已注定，但是对共产党及解放军来说，党对军队的绝对领导应该是取得胜利的一个关键要素。

2. 社会主义建设时期坚持党对军队的绝对领导

新中国成立后，党的第一代领导集体紧紧抓住对军队的绝对领导，胜利完成了新民主主义革命的历史任务，带领中国人民通过三年的社会主义改造，进入社会主义建设时期。党的第二代领导集体在带领人民进行社会主义建设时也始终不渝地坚持毛泽东确立的"党指挥枪"的原则，强调要坚持党对军队的绝对领导。邓小平在对中国人民解放军的性质进行概括时，指出："这个性质是，党的军队，人民的军队，社会主义国家的军队。这与世界各国的军队不同。"

随着改革开放的不断深入和社会主义市场经济体制的不断完善，我国的社会主义建设事业进入新阶段。面对新的时代背景，江泽民同志在进入 21 世纪后在党与军队的关系问题上进行了重申和发展，他在党的十六大报告中作出了"党对军队的绝对领导是我军永远不变的军魂，要毫不动摇地坚持党领导人民军队的根本原则和制度"的新论断，揭示出人民解放军作为党的军队、人民的军队、社会主义国家的军队的本质所在。

此后，胡锦涛同志进一步阐述和发展了"军魂"思想。他说："总结历史，我们完全可以说，党和人民事业之所以能够不断从胜利走向胜利，社会主义中国之所以能够在国际风云剧烈变幻中始终站稳脚跟，一个重要原因，就是因为我们有人民解放军这样一支忠于党、忠于社会主义、忠于祖国、忠于人民的英雄军队。""人民解放军的优良革命传统，集中起来就是听党指挥、服务人民、英勇善战。听党指挥，是党和人民对人民军队的最高政治要求，是人民解放军不可动摇的根本原则。人民军队必须具有凝聚军心的神圣军魂。人民解放军铸就的军魂，就是坚持党的绝对领导。正是由于高度自觉听党指挥，人民解放军才始终保持了坚定正确的政治方向，始终保持了强大的凝聚力和战斗力，始终保持了蓬勃旺盛的生机活力。"

3. 党的领导是中国最大的国情

新中国是在中国共产党领导下建立起来的。由中国共产党领导中国人民进行社会主义革命和建设是历史的选择，是人民的选择。无论是在计划经济时期，还是在社会主义市场经济时期，党的领导都一直是中国最大的国情。进入新时代后，这一点体现得更为鲜明。

党的十八大以来，习近平总书记紧紧扭住党对军队的绝对领导这个根本，以巨大的政治勇气和强烈的历史担当，带领全军重振政治纲纪，全面贯彻党领导军队的一系列根本原则和制度，使党的事业取得历史性成就、发生历史性变革。

中国特色社会主义最本质的特征是中国共产党领导。2013年11月6日，习近平总书记在接见全军党的建设工作会议代表时指出：我军之所以能够战胜各种艰难困苦、不断从胜利走向胜利，最根本的就是坚定不移听党话、跟党走。这是我军的军魂和命根子，永远不能变，永远不能丢。军队党的建设的首要任务是确保党对军队的绝对领导，这也是对军队党的建设的根本要求。

中国最大的国情就是中国共产党的领导。2014 年 5 月 9 日，在参加河南省兰考县委常委班子专题民主生活会时的讲话中，习近平总书记斩钉截铁地指出："中国最大的国情就是中国共产党的领导。什么是中国特色？这就是中国特色。中国共产党领导的制度是我们自己的，不是从哪里克隆来的，也不是亦步亦趋效仿别人的。"这是我们的政党自信，更是我们要在建设千秋伟业的过程中把一个百年大党继续推向发展的内在动力。

中国共产党的领导是全体中国人民的共同选择。2016 年 7 月 1 日，在庆祝中国共产党成立 95 周年大会上的讲话中，习近平总书记指出："历史和人民选择中国共产党领导中华民族伟大复兴的事业是正确的，必须长期坚持、永不动摇；中国共产党领导中国人民开辟的中国特色社会主义道路是正确的，必须长期坚持、永不动摇；中国共产党和中国人民扎根中国大地、吸纳人类文明优秀成果、独立自主实现国家发展的战略是正确的，必须长期坚持、永不动摇。"

我国社会主义政治制度优越性的一个突出特点就是党总揽全局、协调各方的领导核心作用。2018 年 2 月 28 日，在党的十九届三中全会第二次全体会议上的讲话中，习近平总书记指出："深化党和国家机构改革，是坚持和加强党的全面领导、加强党的长期执政能力建设的必然要求。党政军民学，东西南北中，党是领导一切的。党是最高政治领导力量，党的领导是我们的最大制度优势。加强党对一切工作的领导，这一要求不是空洞的、抽象的，要在各方面各环节落实和体现。要通过深化党和国家机构改革，努力从机构职能上解决党对一切工作领导的体制机制问题，解决党长期执政条件下我国国家治理体系中党政军群的机构职能关系问题，为有效发挥中国共产党领导这一最大制度优势提供完善有力的体制机制保障、坚实的组织基础和有效的工作体系，确保党对国家和社会实施领导的制度得到加强和完善，更好担负起进行伟大斗争、建设伟大工程、推进伟大事业、实现伟大梦想的重大职责。"

推进中国特色社会主义建设事业，需要不断坚持和完善党的领导。2021 年 7 月 1 日，在庆祝中国共产党成立 100 周年大会上的讲话中，习近平总书记指出："以史为鉴、开创未来，必须坚持中国共产党坚强领导。办好中国的事情，关键在党。中华民族近代以来 180 多年的历史、中国共产党成立以来 100 年的历史、中华人民共和国成立以来 70 多年的历史都充分证明，没有中国共产党，就没有新中国，就没有中华民族伟大复兴。历史和人民选择了中国共产党。中国共产党领导是中国特色社会主义最本质的特征，是中国特色社会主义制度的最大优势，是党和国家的根本所在、命脉所在，是全国各族人民的利益所系、命运所系。"

新的征程上，我们必须坚持党的全面领导，不断完善党的领导，增强"四个意识"、坚定"四个自信"、做到"两个维护"，牢记"国之大者"，不断提高党科学执政、民主执政、依法执政水平，充分发挥党总揽全局、协调各方的领导核心作用！

（二）笔杆子要硬

笔杆子指代的是思想权。一个组织最大的权力是思想权。统一思想，上下同欲，目标一致，力出一孔，组织便势不可挡。

拿破仑说："世上有两种力量：利剑和思想。从长而论，利剑总是败在思想手下。"回望中国共产党的历史，可以看出，几代领导者也深谙思想领导的重要性。

思想是行动的先导，行动是思想的反映。中国共产党领导和团结广大人民进行革命、建设和改革的历史，就是一部以深入推进思想建党作为党的自我革命首要任务的历史。

1. 笔杆子就是思想权

毛泽东曾对外国友人说，他以前最大的愿望是当教员，只是由于国民党反动派的残酷压迫，他被迫拿起枪，搞起了武装斗争。

毛泽东一生没有怎么带过枪，却从不离笔，可以说毛泽东是用笔杆子指挥着枪杆子，带领中国人民夺取政权的。笔杆子是号角、战略、思想、方法，枪杆子是实力、武器、斗争、行动。

在古田会议上，毛泽东提出"红军的宣传工作是红军第一个重大工作"，并在实践中采用报刊、标语口号、戏剧歌舞表演等手段宣传共产党的政策主张。

土地革命战争时期，面对国民党反动派的军事"围剿"和反共宣传，毛泽东坚持一手抓军事斗争，一手抓舆论武器，强调共产党是要左手拿传单右手拿枪弹才可以打倒敌人的。

在抗日战争期间，面对国民党的反共宣传，为了保证中国共产党的抗战路线和政策得到全国人民的理解和支持，维护抗日民族统一战线，打败日本侵略者，争取抗战胜利，毛泽东亲自兼任《八路军军政杂志》编委会成员，为《解放日报》、《新华日报》、延安新华广播电台等媒体撰写稿件。

1947年，在国民党军队对延安的猛烈进攻中，中共领导人告别居住了十多年的延安，转战陕北。当时，随行毛泽东和党中央的只有两支队伍：一支是几个连的中央纵队，一支是新华社工作队。毛泽东一面指挥打仗，一面指导新华社展开舆论攻势，并亲自撰写了大量新闻、时评和社论。毛泽东后来说：中央留在陕北靠文武两条线指挥全国的革命斗争。武的一条线是通过电台指挥打仗，文的一条线是通过新华社指导舆论。

在西柏坡期间，毛泽东和战友们拟发电报408封，指挥了三大战役，迎来了新中国的诞生。

毛泽东的笔杆子不仅对准敌人，在历史的关键时刻，当军队内部出现各种杂乱声音与思潮时，毛泽东也用笔杆子统一思想，实现上下同欲、目标一致、力出一孔。

面对党内不同时期各种思想上的不统一，毛泽东也都有针对性地发表文章，促使广大党员达成共识。

当党内外对农民运动颇有微词时，他说："革命不是请客吃饭……是一个阶级推翻一个阶级的暴烈的行动。"（《湖南农民运动考察报告》）

当井冈山时期革命处于低潮时，他用诗意语言寓意革命高潮即将到来："它是站在海岸遥望海中已经看得见桅杆尖头了的一只航船，它是立于高山之巅远看东方已见光芒四射喷薄欲出的一轮朝日，它是躁动于母腹中的快要成熟了的一个婴儿。"（《星星之火，可以燎原》）

当抗日战争处在最艰苦的相持阶段，亲日、亲美言行泛滥时，他指出："武器是战争的重要的因素，但不是决定的因素，决定的因素是人不是物。力量对比不但是军力和经济力的对比，而且是人力和人心的对比。""抗日战争是持久战，最后胜利是中国的——这就是我们的结论。"（《论持久战》）

在人民军队跨过长江之后，他写了新闻稿：英勇的人民解放军二十一日已有大约三十万人渡过长江。渡江战斗于二十日午夜开始，地点在芜湖、安庆之间。国民党反动派经营了三个半月的长江防线，遇着人民解放军好似摧枯拉朽，军无斗志，纷纷溃退。长江风平浪静，我军万船齐放，直取对岸，不到二十四小时，三十万人民解放军即已突破敌阵，占领南岸广大地区，现正向繁昌、铜陵、青阳、荻港、鲁港诸城进击中。人民解放军正以自己的英雄式的战斗，坚决地执行毛主席朱总司令的命令。（《我三十万大军胜利南渡长江》）

2. 思想改造，化敌为友

中国共产党的思想权不仅体现在对党内的思想影响，还包括对战俘的思想影响。据中国人民解放军军事科学院研究员刘统的研究，在解放战争中，解放军之所以能够战胜国民党军队，非常重要的一点在于解放军能够化敌为我。具体来说就是解放军能够很快地把敌人，准确地说是战俘，转化为我军成员，甚至到了"即俘、即补、即战"的程度。这种即俘、即补、即战的做法，不仅是世界上空前的战争奇观、历史奇观，也堪称绝无仅有的人文奇观。

如何实现从战俘到我军成员的转化呢？答案是：做思想工作。具体做法如下：俘虏兵被俘虏之后，我军会组织他们先开诉苦会，再对其进行阶级教育，然后是情感转化。

诉苦会并没有统一的官方定义，简单来说就是让俘虏们尽情回忆曾经遭受的苦难，痛陈社会的黑暗和残酷，然后告诉俘虏们，这种黑暗和残酷都是国民党政权造成的，从而激发起俘虏们要加入解放军，推翻国民党政权的冲动。

诉苦会作为一种改造手段，刚开始主要运用于同地主的斗争中，后来用于改造俘虏。1946 年 10 月 7 日，《解放日报》就介绍过通过诉苦大会改造俘虏兵的方法，提道："在举行了这种诉苦大会的地方，成千成万的俘虏兵打开了眼睛，他们立即就觉悟到一系列的问题，立即就自动要求加入我军与蒋介石和美国帝国主义者拼命。"后来，诉苦会在战俘改造中被大量采用，成效显著。

所谓阶级教育是指提升"解放战士"（被人民解放军俘虏而从国民党反动军队中解放出来、经过教育、参加人民解放军的原国民党军士兵）的阶级觉悟。因为国民党军队的士兵绝大多数也是来自社会最底层的农民、无产者或者失业工人，也受到官僚买办资产阶级和地主豪绅的阶级压迫，我党教育他们天下穷人是一家，应该一起推翻旧社会，翻身求解放，教育他们应该为劳苦大众服务，为人民服务，鼓励其站到人民的立场上来。

情感转化是指优待、关怀"解放战士"。我军从1927年南昌起义伊始，就奉行优待俘虏的政策，甚至可以说优待俘虏是中国共产党运用阶级分析的观点所制定出的必须执行的军中纪律和对待敌俘的基本方针。毛泽东曾提出，我们对俘虏的政策是：第一，不打骂俘虏，不搜腰包；第二，受伤者给予治疗；第三，愿留者留，愿走的发给路费。因此，不会出现打骂、虐待"解放战士"的情况，甚至行军的时候班长还替他们扛枪，宿营的时候班长给他们烧洗脚水，这些"解放战士"以前从未受到过这样的优待，所以很快就实现了转化。

此外，共产党不仅注重国内的宣传工作，也重视在国际上发声，赢得国际社会的普遍支持。

长征期间，党中央专门委派陈云到苏联向斯大林和共产国际领导人汇报红军长征的情况，让共产国际增强了对以毛泽东为首的中国共产党人的了解和信任。陈云的报告发表在《共产国际》（中文版）杂志第一、二期合刊上，在国际共产主义阵营产生了强烈反响。

在抗日战争和解放战争期间，党中央成立对外联络交际机构，接见外国记者，畅谈中国革命，以埃德加·斯诺的《毛泽东印象记》、福尔曼的《北行漫记》和斯坦因的《中共和解放区实况》等报道为代表，冲破了国民党的舆论封锁，向国内和国际人民传递信息，争得同情。

可以说，在长期的对敌斗争中，毛泽东一直在运用舆论的武器推动武装斗争的进程，巩固扩大武装斗争成果，并收到了显著效果。

3. 干部要拿得起笔杆子

新中国成立后，我党依然重视宣传工作，强调笔杆子的重要性。比如邓小平同志就反复强调："拿笔杆是实行领导的主要方法""不懂得用笔杆子，这个领导本身就是很有缺陷的"。

1981 年，党中央专门发出指示，要求"领导干部必须亲自动手准备自己的重要讲话、报告，亲自指导、主持自己领导范围内的重要文件的起草"，并明确指出"这是一个重大原则问题"。

党的十八大以来，面对新的、动荡复杂的国际环境，习近平总书记反复强调："坚定理想信念，坚守共产党人精神追求，始终是共产党人安身立命的根本。对马克思主义的信仰，对社会主义和共产主义的信念，是共产党人的政治灵魂，是共产党人经受住任何考验的精神支柱。形象地说，理想信念就是共产党人精神上的'钙'，没有理想信念，理想信念不坚定，精神上就会'缺钙'，就会得'软骨病'。""对党员、干部来说，思想上的滑坡是最严重的病变，'总开关'没拧紧，不能正确处理公私关系，缺乏正确的是非观、义利观、权力观、事业观，各种出轨越界、跑冒滴漏就在所难免了。思想上松一寸，行动上就会散一尺。"

在促进思想统一方面，中国共产党在实践中也创造出了各种方法和途径。比如早在 1929 年召开的古田会议通过的决议案就强调对红军进行无产阶级政治思想教育以克服各种非无产阶级思想，教育方法有办报、办训练班、看书看报、个别谈话、开党内会议和政治讨论会，还有上政治课、组织政治训练委员会、教授训练方法、集合讲话、游艺、改良待遇和对青年士兵进行特别教育等。会议决议案全面提出了在红军内部加强党的建设的方法和途径，保证了组织内部的思想统一。

中国共产党也非常注重典型人物的塑造和宣传，以此来实现思想引领。在不同历史时期，中国共产党一直将党内涌现出的一批批先锋模范作为学习的榜样，如雷锋、焦裕禄、孔繁森等，向全党和全国宣贯，提升人们的思想境界，增强人们的精神力量，不断改造党的精神风貌，最终引领着中国社会健康发展。

二、企业怎样构建"两手硬"格局

（一）企业家要处理好企业的控制权问题

这点似乎是不言而喻的，但是在现实中确实有很多企业家对企业的控制权受到威胁，甚至丧失的案例。比如国美控制权之争、万科控制权之争、真功夫控制权之争。控制权之争会置企业于高风险之中，有的甚至造成企业倒闭。

企业的控制权主要体现在企业家的股权比例，优势股权可以说是企业家的命根子。失去了控制权，企业家就可能面临被踢出局的局面。控制权也保证了企业在决策时有人能够最后拍板，保证了面临危机时有人能够站出来掌控全局。很多企业在创立的时候，由创始人平分股权，这实在是风险极高的行为。

很多企业在创业早期对股权问题不够重视，遇到觉得合得来的人便拉来入伙，或者遇到合适的投资机构就对其感恩戴德，并随意地确定公司的股权结构。但是随着公司的不断发展，股东在公司的运营管理、团队分工、财务支出、发展方向等问题上会出现分歧，这时与股权结构相匹配的权力就会互相掣肘，最终让公司失去发展机会甚至倒闭。

这方面最典型的案例就是 ofo 共享单车（以下简称"ofo"），它被称为近几年中国创业企业最疯狂的试错。

ofo 是 2014 年由戴威和四个大学同学创立的一家共享单车出行平台，目的是解决最后一公里的出行难题。

ofo 诞生后，借着先发优势，迅速奠定了它在国内共享单车领域领跑者的地位。ofo 也成为投资机构的"香饽饽"——在 2015 年至 2018 年 3 月三年多的时间里，总计融资人民币约 150 亿元。根据 ofo 数据，截至 2017 年，ofo 走出校园后，迅速地铺向了全国乃至全球市场，为超过 250 座城市的 2 亿名用户提供了超过 60 亿次出行服务。

2017 年 3 月 21 日，苹果公司 CEO 库克现身位于海淀区中关村的 ofo 总部，并由戴威陪同，试骑小黄车。种种迹象好像预示着一个新的商业巨头正在冉冉升起，不过理想丰满，现实骨感。

每一轮融资都是对公司股权结构的调整，ofo 在经历了多轮融资后，最终形成董事会里有 5 名董事拥有一票否决权的局面。

2018 年 8 月以来 ofo 多次因为拖欠货款被告，终于，退不了的押金成了压倒它的最后一根稻草。公司败落后，戴威也成为限制高消费被执行人。ofo 的败落原因众多，有管理问题、运营问题，还有腐败问题，但是最重要的是 ofo 的股权问题，或者按照很多知名人士的观点就是一票否决权的问题。

企业中的"一票否决权"是什么概念呢？就是投票人或者机构在与公司相关的任何表决事项上均拥有否决权，而只要其在某项决议上投了否决票，就意味着这项决议不能被通过。ofo 有 5 名董事有一票否决权，这意味着从公司运作上来讲，有什么大事情需要决策时，必须得到这 5 名董事的一致同意才能够通过。这 5 名董事是戴威、阿里巴巴代表、滴滴出行代表、经纬创投代表和金沙江创投代表（有一种说法是金沙江创投朱啸虎曾将"一票否决权"卖给阿里巴巴），阿里巴巴、滴滴出行和经纬创投都是非常成熟的投资方，这也意味着它们对一些事情会站在自己的利益角度去考量，从而难以协调各方利益，达成一致。

最终，因为多个"一票否决权"的存在，ofo在很多重大事项上难以达成共识，即使在生死攸关的时刻，尽管没有人想要ofo破产倒闭，但是因为没有一个可以绝对掌控局面的人或者机构，ofo只能无可避免地走向倒闭的结局。如果没有多个"一票否决权"造成各方达不成共识，如果有可以最终决定的人，ofo最多也只是会被卖掉，这对创始团队或者投资机构而言，都是好事，但是这只是"如果"。

（二）企业产品要硬

企业靠什么在市场上去拼、去竞争？企业手中的"枪杆子"就是好产品。所谓"以客户为中心"，如果没有好的产品，"以客户为中心"就是一个伪命题。过硬的产品，体现在以下几个方面：

（1）硬在技术，必须在技术创新上领先。而要实现技术创新领先，就要持续加大技术创新的研发投入，即要在研发上真金白银地投入，没有其他捷径可走。

（2）硬在"真材实料、货真价实"。好产品是根、是主，服务是辅；既要"真材实料"，也要产品创新，在此基础上再去追求服务。

（3）硬在卓越的营运系统、精益化的生产制造、敏捷而高效的供应链管理、独特的市场与品牌管理，以此才能够打造出成本领先、高品质、高性价比的产品。

（4）硬在技术与产品创新向善、行善，而不是作恶。好产品的背后是企业家的好人品和正确的价值观。某些互联网公司利用人性的弱点所开发的一些游戏产品就是在作恶，而不是行善。某些高科技企业基于大数据的产品创新毫无底线地侵犯个人隐私，形成数据垄断后，绑架消费者，剥夺消费者的知情权与选择权，这也是在作恶。这种技术创新及其所带来的产品力是脆弱而不足取的，最终难以支撑企业持续做大做强。

华为赢在什么地方？其实也是赢在产品技术创新领先。三十多年来，华为每年投入巨资用于研发。世界知识产权组织（WIPO）公布的关于 2022 年全球专利申请量的相关报告显示：华为公司提交的 PCT（Patent Cooperation Treaty，《专利合作条约》）专利申请量连续六年排名第一。正是华为在技术创新上的不断投入，才让华为的产品能够"硬"起来。

（三）企业要有凝聚力和战斗力，必须抓好思想权

首先是对内统一思想，达成共识。任正非的讲话和文章，帮助华为完成内部的系统思考，使企业内部对使命、愿景、目标等核心价值体系达成共识，让十几万高学历的知识型员工凝聚在共同的目标之下，引领着华为人一步一步往前迈进，从市场上的追随者成为行业探路者。

任正非善于用笔杆子解决企业经营中所面对的难题。他在《一江春水向东流》一文中说，到 1997 年后，公司内部的思想混乱，主义林立，各路诸侯都显示出他们的实力，公司往何处去，不得要领。他请中国人民大学的教授们，一起讨论一个"基本法"，用于集合一下大家发散的思维，几上几下的讨论，不知不觉中"春秋战国"就无声无息了。

对如何管理知识型员工，任正非通过《致新员工书》，告知员工华为是建立在什么样的价值体系之上，公司鼓励"努力奋斗""做出良好的贡献"，"求助没有什么不光彩的，做不好事才不光彩"，帮助新员工"入模子"，加速完成从学校到社会的转变。

针对公司中有员工患抑郁症、焦虑症，任正非发表《要快乐地度过充满困难的一生》，引导员工"积极、开放、正派地面对人生"。"人生苦短，不必自己折磨自己。""不以物喜，不以己悲。同时也要牢记，唯有奋斗才会有益于社会。"

《开放、妥协、灰度》则是提出干部管理的导向，任正非指出："坚定不移的正确方向来自灰度、妥协与宽容""宽容是领导者的成功之道""没有妥协就没有灰度""妥协是对坚定不移方向的坚持"。这是华为对干部所期望达到状态的哲学境界的总结和行动指南。

对华为的每一次变革，任正非都通过参观走访、思考写作传递自己的所思所想，最终为华为的改革铺平道路。如《赴美考察散记》《走过亚欧分界线》《我们向美国人民学习什么》，这些文章说明了华为为什么选择全球化道路，走全球化道路为什么要选择以美国企业为老师，从而减少华为变革中的阻力。

任正非通过一篇篇文章，既传递了组织的使命、愿景和价值观，保证了员工们在思想上达成共识；同时也让广大干部和员工明确组织的发展方向和做事方式，从而减少了工作和协作中的阻力和摩擦，提升了组织效能。

在华为三十多年的发展历程中，这些文章就像一个个火把，发出或微弱或耀眼的光芒，照亮华为前行的道路，引领华为人不断进步，朝着同一个目标前进。

而有些企业对思想权没有任何认识。为什么很多企业刚开始有好技术、好产品却还不能做大做强？为什么很多科学家创办的高科技企业注重研发，也有创新性强、技术含量高的好产品，但还是做不大、活不长？答案是：光有技术和产品，没有对人思想的引领，没有组织力，即使有好产品也卖不好、卖不长，企业也做不大。

（四）企业家要抓好基于文化价值观的组织领导力建设

企业家一定要抓好基于文化价值观的组织领导力建设。企业家精神与企业文化是组织能力之魂，是企业组织能力发展的不竭的动力源泉，企业家的自我超越与团队领导力是企业组织能力建设的第一能力要素。因此，打造基于文化价值观的团队领导力，企业就可以聚集组织所有力量，朝着一个共同的目标，力出一孔，利出一孔，从而形成组织强大的凝聚力与战略牵引力，实现企业家个人智慧到团队智慧、企业家个人能力到互补性团队领导力的转型升级。

铁的纪律打造组织理性

　　中国共产党已走过百年为什么没有成为一盘散沙？为什么组织规模壮大了以后没有出现大面积溃烂，更没有崩塌？中国共产党为什么能始终有序而高效地运行，做到政令畅通、决策有效执行？除了共同的使命和目标牵引外，非常重要的一点就是有严明的组织纪律。从严治党，使整个组织纪律严明，目标一致，执行力强。正如毛泽东同志指出的："加强纪律性，革命无不胜。"

　　任何一个政党要实现远大目标，必须以严明的纪律作保证。中国共产党自成立起就确立了实现共产主义的远大目标，肩负起为中国人民谋幸福、为中华民族谋复兴的伟大使命。正因为如此，中国共产党人始终以高度的思想自觉强调纪律建设问题。

一、严明的纪律是能赢的关键

　　严明的政治纪律是"建立一个能使政治斗争具有力量、具有稳定性和继承性的革命家组织"的关键要素。马克思主义经典作家认为，服从中央权威和维护党的团结统一是无产阶级政党加强政治纪律建设的核心内容。

　　1859 年 5 月，马克思在致恩格斯的信中说："我们现在必须绝对保持党的纪律，否则将一事无成。"

　　1864 年，刚成立不久的国际工人协会虽然是一个国际性无产阶级政党组织，但它是由不同的派别和各国支部构成的，无法真正实现团结统一，为此，马克思、恩格斯要求各支部必须保持党的纪律，坚决服从组织。

　　1872 年 1 月，恩格斯在致卡洛·特尔察吉的信中说："为了进行斗争，我们必须把我们的一切力量捏在一起，并使这些力量集中在同一个攻击点上。如果有人对我说，权威和集中是两种在任何情况下都应当加以诅咒的东西，那么我就认为，说这种话的人，要么不知道什么叫革命，要么只不过是口头革命派。"

1873 年恩格斯在《论权威》一文中强调服从权威的必要性和重要性，从理论上解决了党内组织涣散、纪律约束不强的思想认识问题。

（一）严肃的组织要有严明的纪律

马克思、恩格斯关于构建政治纪律严明政党的理念被早期的中国共产党人所吸收。早在建党前夕，蔡和森在写给毛泽东的信中就指出："党的纪律为铁的纪律，必如此才能养成少数极觉悟极有组织的份子，适应战争时代及担负偌大的改造事业。"毛泽东在复信中高度评价了蔡和森的意见，认为其"见地极当"，表示深切的赞同。

中国共产党成立以后，随着工人运动的发展和党员人数的增加，党的纪律建设的重要性更加凸显。

1927 年 10 月，毛泽东率领秋收起义部队进抵荆竹山，即将往井冈山推进。他们在井冈山即将遇到的第一个问题就是生存问题——如何让部队在艰苦的环境中生存和发展下去，这是摆在毛泽东等共产党人面前的艰巨任务。

让部队立足，靠的就是严明的纪律，它表明我们的组织是严肃的组织，是真正干事情的组织，不是乌合之众。井冈山上有当地的百姓，也有逃难上山的百姓。部队必须处理好与当地百姓的关系。为了强化严明的纪律，在部队出发前，毛泽东在荆竹山村前"雷打石"处向部队发表讲话，第一次提出了工农革命军的"三大纪律"：第一，行动听指挥；第二，不拿群众一个红薯；第三，打土豪要归公。

当年冬天，井冈山异常寒冷。为了解决部队的冬衣、粮食短缺问题，扩大根据地的面积，毛泽东决定攻打敌人守备薄弱的遂川县。占领遂川城后，部队分散活动，出现了有的战士借了老百姓的门板和稻草没有主动归还、借来的许多门板归还时又往往弄错、睡过的地方没打扫干净等现象。

毛泽东在了解到这些情况后,立即召开全体工农革命军指战员大会,并宣布了工农革命军的"六项注意":上门板;捆稻草;说话和气;买卖公平;不拉夫,请来夫子要给钱;不打人骂人。这些话非常通俗易懂,也能让战士做得到。此后,部队每到一地,都要严格检查"六项注意"的执行情况。这六项注意的内容后来也随着革命发展而不断完善。

1928年3月,毛泽东率领部队到达井冈山革命根据地南部打土豪时,有的部队错把老百姓娶媳妇的嫁妆当作土豪财产予以没收。毛泽东发现后,立刻对工农革命军全体指战员、当地的赤卫队员进行教育,严肃地、系统地颁布了工农革命军的"三大纪律六项注意",把过去"三大纪律"中的"不拿群众一个红薯"改为"不拿工人农民一点东西"。

1929年,红军向赣南、闽西进军。由于这些地方比较落后,红军到达后,还是按照过去的习惯,到野外大便,随便到沟里、河里洗澡,引起群众的不满。毛泽东知道后,在原来"六项注意"的基础上,加了"洗澡避女人"和"大便找厕所"两项,后来又将之改为"院子打扫干净""挖卫生坑",成为"八项注意"。

随着工农红军的步伐一路向北,作战环境不断变化,原先在南方宿营时要用"门板"和"稻草"铺地睡觉的办法已不再适用,于是毛泽东又对相关内容进行调整、优化,最终将"八项注意"定稿为:说话和气;买卖公平;借东西要还;损坏东西要赔;不打人骂人;不损坏庄稼;不调戏妇女;不虐待俘虏。

为了让"三大纪律八项注意"深入人心,加强对新兵的纪律教育,1935年时任红十五军团政治部秘书长的程坦与时任红十五军团政治部宣传科长的刘华清把"三大纪律八项注意"编成了歌。"三大纪律八项注意"对统一全军纪律，加强部队的思想和作风建设，具有重大的意义。

三大纪律八项注意的具体内容，随着革命战争形势和人民军队的发展需要，曾作过多次修改。由于长期处在分散作战的环境，各地部队在执行中内容上略有出入。1947年10月10日，为进一步加强军队的统一指挥与统一行动，提高全军人员的组织性、纪律性，中国人民解放军总部统一规定，重行颁布。三大纪律为：一切行动听指挥；不拿群众一针一线；一切缴获要归公。八项注意为：说话和气；买卖公平；借东西要还；损坏东西要赔；不打人骂人；不损坏庄稼；不调戏妇女；不虐待俘虏。

1937年9月，毛泽东在《反对自由主义》一文中指出，自由主义"是一种腐蚀剂，使团结涣散，关系松懈，工作消极，意见分歧。它使革命队伍失掉严密的组织和纪律"。

1948年12月，毛泽东在给《中国青年》的题词中更是明确提出"加强纪律性，革命无不胜"的口号，深刻揭示了党的纪律对取得革命胜利的重要意义。

新中国成立之后，党的纪律建设不仅关系到党的自身发展，更关系到党执政地位的巩固和新中国各项建设事业的有序推进。朱德指出，"加强党的纪律性，在今天就更有特殊重大的意义""我们要做一个好的共产党员，就要服从组织，遵守纪律"。

纵观百年党史，中国共产党人对党的纪律与党内民主关系、党的纪律与国家法律法规关系的认识逐步清晰，定位不断趋于合理、科学，为持续推进党的纪律建设提供了动力基础和思想保证。

纵观百年党史，中国共产党人始终以高度的思想自觉推进党的纪律建设。中国共产党推进纪律建设的自觉意识不仅来源于自身作为马克思主义政党的内在要求，也是基于自身守初心、担使命的现实需要。

纵观百年党史，党的纪律建设始终随着党在不同历史阶段的革命和建设事业发展而不断前行。

（二）改革开放和社会主义市场经济建设的推进要求进一步维护党的纪律，强化党内监督

党的十一届三中全会以后，我国开始推进改革开放事业，建设社会主义市场经济。随着改革开放事业的不断深入和社会主义市场经济的不断发展，党的纪律建设也迎来了新的考验。面对新形势的变化和挑战，为维护党的纪律，强化党内监督，党的十三大报告提出了从严治党的要求。

党的十四大报告进一步明确强调："党员在党的纪律面前人人平等，任何人违犯党的纪律，都必须给以应有的处理。"加强党的纪律建设成为落实从严治党方针的举措之一。

此后，以胡锦涛同志为代表的中国共产党人结合党面临的环境变化，进一步强调纪律建设的重要性，要求"坚决改变一些地方执行纪律失之于软、失之于宽的状况"。

（三）新时代持续推进从严管党治党

从严管党治党，是中国共产党最鲜明的品格。习近平总书记指出，我们党是靠革命理想和铁的纪律组织起来的马克思主义政党，纪律严明是党的光荣传统和独特优势。始终将纪律和规矩挺在前面，是中国共产党及其领导的人民军队由小到大、由弱到强，无往而不胜的重要法宝和经验总结。党的十九大报告旗帜鲜明地指出："勇于自我革命，从严管党治党，是我们党最鲜明的品格。"

党在新时代之所以更加突出强调从严管党治党是因为跨入 21 世纪

后，改革进入深水区，国际国内环境都有了新的变化，世界面临百年未有之大变局。因此，面对复杂多变的国际国内形势，党的十八大以来，以习近平同志为核心的党中央全面推进从严治党：2014 年 12 月，习近平总书记明确提出全面从严治党并将其纳入"四个全面"战略布局；2016 年 10 月，党的十八届六中全会专题研究全面从严治党问题；2017 年 10 月，党的十九大提出新时代党的建设总要求，并将"全面从严治党"写入党章；2019 年 10 月，党的十九届四中全会对全面从严治党制度建设作出重大部署；2021 年 11 月，党的十九届六中全会更是进一步强调全面从严治党永远在路上，继续推进新时代党的建设新的伟大工程。踏上实现第二个百年奋斗目标新的赶考之路，必须充分认识到，我们党面临的长期执政考验、改革开放考验、市场经济考验、外部环境考验是长期而复杂的，面临的精神懈怠危险、能力不足危险、脱离群众危险、消极腐败危险是尖锐而严峻的。我们党作为百年大党，如何永葆先进性和纯洁性、永葆青春活力，如何永远得到人民拥护和支持，如何实现长期执政，是我们必须回答好、解决好的一个根本性问题。

党的二十大提出了"坚定不移全面从严治党，深入推进新时代党的建设新的伟大工程"的明确要求，告诫全党必须牢记，全面从严治党永远在路上，党的自我革命永远在路上，必须持之以恒推进全面从严治党，深入推进新时代党的建设新的伟大工程，以党的自我革命引领社会革命。

二、企业怎样通过纪律打造组织理性

对企业家来讲，激情和理性是企业组织建设的一体两面，组织的力量来自两个方面：一个是激情的力量，一个是理性的力量。激情的力量使组织充满活力和创造力，持续奋斗，永不懈怠。而理性的力量：一方面使组织方向一致，不犯战略性错误，同时能抑制企业家的原始冲动，使企业家的欲望得到有序释放，偏执的行为受到约束，保证成长的节奏而不翻车；另一方面使组织纪律严明，保障企业运行规范有序，企业决策得以高效执行。中国许多企业活不长、做不大，往往是因为组织"三无"——无团队、无组织纪律、无组织理性，光靠老板一个人包打天下。

（一）建立组织理性，用规则守望企业

企业家往往既是制度的建设者，也是制度的破坏者。这就需要建立制度的权威，用规则守望企业，而不是由企业家个人守望企业。比如《华为基本法》就是对企业家的高层次纪律约束。任正非说："《华为基本法》首先是管住我自己，管住我内心的冲动和欲望。"

对企业家来说，内心没有一个规则，任性决策，往往会给企业带来非常大的风险，比如苏宁的张近东。

2012 年 8 月 14 日，刘强东在微博上对苏宁发难："从明天上午 9 点开始，京东商城所有大家电价格都比苏宁线上线下便宜！并且无底线便宜，如果苏宁敢卖 1 元，那京东的价格一定是 0 元！"那年京东的销售额达到了 414 亿元，而彼时苏宁刚刚上线两年，张近东从来没有在乎过的这个对手，像是忽然从天而降。

为了与京东对抗，张近东开始恶补线上业务。

2012 年 9 月，苏宁以 6 600 万美元的价格收购了母婴电商平台红孩子网站。

2013 年 10 月，苏宁以 2.5 亿美元的价格收购了 PPTV44% 的股权，成为其第一大股东。

2014 年 1 月，苏宁花了将近千万美元收购了团购网站"满座网"。

苏宁收购红孩子能够补充电商业务，而收购 PPTV 和满座网则着实让人看不懂，似乎有点饥不择食的味道。

2015 年底，苏宁接手江苏足球俱乐部。在接手江苏足球俱乐部的仪式上，张近东当时表态称，苏宁将不辱使命，打造百年足球俱乐部。

同时张近东也在不断扩大自己的朋友圈。2015 年 8 月，苏宁和阿里巴巴达成了战略合作。2015 年 9 月，苏宁又与万达达成战略合作。2017 年 9 月，恒大集团的许家印率领一众高管造访苏宁总部。在晚上的饭局上，一时兴起的张近东和许家印喝了一个交杯酒。然后，张近东豪掷 200 亿元，通过苏宁电器集团子公司南京润恒持有恒大 4.7% 的股份，苏宁成为恒大的战略投资者。

2019 年 2 月，张近东再次出资近 80 亿元，接盘了王健林的 37 家万达百货，帮助王健林纾解资金困局。

但仅在一年之后，据苏宁电器 2020 年中期报告，截至 6 月末，苏宁电器集团总资产为 4 068.42 亿元，其中受限资产高达 811.02 亿元，净资产为 1 065.53 亿元，总负债规模达到 3 002.89 亿元，资产负债率高达 73.81%。

2021 年，恒大身处泥潭，有着天文数字般的负债，其战略投资者纷纷进行债转股，而张近东投出的 200 亿元暂时是没有收回来的指望了。

近年来，苏宁危机四伏，甚至要靠变卖资产、政府资金纾困艰难度日，其要打造百年足球俱乐部的梦想也被搁浅。2021 年 2 月 28 日，江苏足球俱乐部宣布停止运营。

建立组织理性首先是企业家要管住自己，管住自己的任性，并且要构建制度与规则，让制度与规则守望企业。

（二）建立组织制度、流程权威，做到纪律严明、规矩严肃

很多企业制度、流程有很多，但是形同虚设。要提升组织能力，不

仅需要建立制度、流程，更需要制度、流程的落地和执行。

在制度和流程的设计与执行上，德胜（苏州）洋楼有限公司（以下简称德胜公司）算是中国企业界的一股清流，是一个独特的存在。

德胜公司成立于 1997 年，是一家从事美制现代木结构住宅与公用建筑的研究、开发设计及建造施工的公司，2019 年占据国内木结构别墅 60%～70% 的市场份额。

德胜公司的聂圣哲，热衷于文艺创作，在《人民文学》《诗刊》等杂志发表剧本、小说、诗歌、评论等逾百篇；独立或参与导演了多部电影、电视剧、舞台剧，比如《中奖之后》《为奴隶的母亲》《公司》等；从 2012 年开始，由他担任编剧的黄梅戏舞台剧《徽州往事》在全国巡演，受到好评。但是与此同时，他的企业也经营稳健，运转有序，员工离职率很低，满意度很高。

德胜公司为什么能出现这种局面？我们从其于 2005 年面向全国正式发行的《德胜员工守则》也许可以窥一斑而知全豹。自发行以来这本书已被重印了数十次，甚至在 2011 年被翻译成英文版发行，可算是中国管理对世界的贡献。

在德胜公司，每个员工入职后，都会领到一本德胜公司员工手册。这本手册上写着：

> 一个不遵守制度的人是一个不可靠的人！一个不遵循制度的民族是一个不可靠的民族！
>
> 制度只能对君子有效。对于小人，任何优良制度的威力都将大打折扣，或者是无效的。德胜公司的合格员工应该努力使自己变成君子。
>
> 德胜公司提倡的价值观是：诚实、勤劳、有爱心、不走捷径。

我将认真地阅读这本手册内容，努力使自己成为德胜公司的合格员工，靠近君子，远离小人。

我将非常珍惜并保护好该手册，只要我在德胜公司工作一天，这本手册就会伴随我一天。

如果我因故离开了德胜公司，我会严肃地将此手册还给德胜公司。

宣誓人（签字）

细看德胜公司员工手册，内容更是让人大开眼界。一方面，它有着极为细致和严格的约束；另一方面，它又表现出令人难以置信的自主与宽容。

前者比如公司对员工的卫生情况有着事无巨细的规定：争取每天洗澡一次、每天至少刷牙一次、每月至少理发一次；员工不得一边工作，一边聊天；员工不得给客户送礼，包括敬烟。

后者比如员工如果认为公司的工作不适合自己或者自己不喜欢，可以愉快地辞职或者请长假，公司允许其请 1～3 年的长假去闯荡。

最为大家津津乐道的是德胜公司的报销制度，员工只要拿着票据，直接到财务处，听完财务人员宣读"您现在所报销的凭据必须真实及符合《财务报销规则》，否则将成为您欺诈、违规甚至违法的证据，必将受到严厉的惩罚并付出相应的代价，这个污点将伴随您一生。如果因记忆模糊自己不能确认报销凭据的真实性，请再一次认真回忆并确认凭据无误，然后开始报销，这是极其严肃的问题"之后，签字即可报销，领取现金。

为了让读者对德胜公司的管理规定有更多的了解，笔者特从员工手册中选取部分内容，以飨读者。

4. 禁止员工议论公司的制度、处理问题的方法和其他一切与公司有关的事情。员工对公司有意见和建议，可通过书面的方式向公司反映，也可以要求公司召开专门会议倾听其陈述，以便公司做出判断。

5. 员工必须做到笔记本不离身。上级安排的任务、客户的要求、同事的委托，均需记录，并在规定的时间内落实、答复或回话。自己解决或解答不了的问题应立即向有关人员汇报，不得拖延。杜绝问题石沉大海、有始无终。

12. 员工不得一边工作，一边聊天；不得唱歌、吹口哨；不得打闹；不得影响别人工作。

13. 员工工作期间，早餐及中餐（如晚上需要加班或值班则晚餐也包括在内）严禁饮酒（包括含酒精的饮料）。如被动或无法克制饮酒，则在 8 小时内禁止工作。隐瞒饮酒并在酒后工作的，第一次扣除 20% 当月工资，扣发 6 个月的奖金；第二次解聘。饮酒后因公会客视同酒后工作。

19. 员工须与客户保持一定的距离。未经上级批准，不得宴请客户，不得给客户送礼（包括敬烟）。……

20. 员工不得接受客户的礼品和宴请。具体规定为：不得接受 20 支香烟以上、100 克酒以上的礼品，20 元以上的工作餐。

24. 员工必须讲究卫生。勤洗澡（争取每天一次）、刷牙（每天至少一次）、理发（每月至少一次）。

26. 讲文明，懂礼貌。员工不得说脏话、粗话；真诚待人；不恭维成性，不溜须拍马成习。

27. 员工与外界交往须不卑不亢，不得对外吹嘘、炫耀公司及有关的事情。

28.员工对公司要忠实，不得谎报情况，不得散布流言蜚语，不允许报喜不报忧。

德胜公司的员工手册，没有假大空，有的只是细微的规定。公司内部也没有轰轰烈烈的管理措施或现象，而是静水流深般地顺畅运行。它之所以能顺畅运行，在于它构建了制度理性，又构建起君子意识，从而对员工形成外部和内部的约束。

在德胜公司体现的就是一切按程序办事、一切按制度办事、一切按文化办事。

（1）一切按程序办事。公司特别设立了一个程序中心，专门研究每一项工作如何能以最科学合理的方式完成，不断优化流程，积累做事的诀窍，提升组织效率，同时还能让大家处于愉悦的情绪之中。因为员工没有情绪方面的对抗等影响，所以就更容易建立起组织理性。

（2）一切按制度办事。为了让制度执行到位而不沦为一纸空文，公司遵照权力制衡思想设置法规部、督察部、奖惩部三个独立的部门，其中：法规部负责制定规章制度、操作细则和标准；督察部负责推动执行规章制度和操作细则，发现和纠正工作中的问题；奖惩部负责对违反公司价值观或者被指出错误却拒不改正者进行处罚，对表现优秀者给予奖励。通过三个部门的相互约束、牵制和监督，在德胜公司建立起真正的制度理性。

（3）一切按文化办事。德胜公司所秉持的价值观是"诚实、勤劳、有爱心、不走捷径"，前三点可能不难理解，但是"不走捷径"着实让人眼前一亮。不过仔细一想，就会发现工作中很多事情没有做好就是因为想走捷径、等不及、图方便，结果往往欲速则不达，导致事倍功半。一旦放下走捷径的想法，就会有任何事情都要遵守程序和规定的内在约束。

（三）对人对事设标准，建立客观的评价体系

要建立客观公正的价值评价与价值分配体系，打造全力创造价值、科学评价价值、合理分配价值的价值管理循环体系，使员工升官发财有依据，构建组织凭能力、凭业绩吃饭，而不是凭政治技巧吃饭的用人机制。华为人力资源管理的强大之处就在于构建了合理的价值评价体系。

笔者当年在华为做的第一个项目是营销人员的绩效考核与激励，那时任正非正为怎么分好钱头疼。他希望我们能帮助华为找到一个解决方案：谁能升官发财不是他自己说了算，而是由评价体系说了算。于是笔者和包政老师、吴春波老师三人合作给华为做了第一个项目——绩效考核体系，把员工的业绩分成五个等级，根据绩效考核的等级发工资、发奖金。

不过我们很快就发现，把员工的业绩分出等级过于简单化，因为每人的劳动方式、价值贡献不一样，研发、制造、市场等不同部门的价值输出也各自有别。

后来我们在《华为基本法》里提出，要建立科技创新型企业的价值管理循环体系，以客观公正地评价知识型员工的劳动贡献。人力资源管理的核心是价值管理循环，即构建全力创造价值、科学评价价值、合理分配价值的良性循环的管理机制。

再后来华为引进了几家国外咨询公司和我们一起做方案，最终形成华为的四套评价体系，真正实现了"升官发财不是由个人说了算，而是由客观公正的评价体系说了算"。这四套评价体系分别是：

（1）岗位价值评估。员工拿多少工资要根据岗位价值确定，岗位价值决定薪酬，换岗位就换薪酬，这是华为一直到现在都没有变的，从最早几千人到现在20余万人仍是"易岗易薪"制。

（2）劳动态度评估。主要对员工的行为是否符合公司文化的要求进行评估，员工要想拿股权，除了考察岗位价值、绩效价值，还要看对公司文化的认同程度，看对价值观的践行程度。

（3）任职资格能力评估。员工要想参加公司的岗位竞聘，必须达到该岗位的任职资格要求。

（4）KPI（关键绩效指标）绩效评估。奖金分配要依据KPI进行，要用绩效考核的结果来分钱。

总而言之，通过一系列咨询项目的落地，华为人的工资、奖金、股权、升职都由这四套评价体系说了算。

其实知识型员工更追求价值分配的公正客观性，他们既理性又感性，最容易惹麻烦、引争议，但也是最讲道理的。对知识型员工的管理，不能简单用官僚威权、拍脑袋决定，而是要基于数据、基于事实。

因为有了完善的客观评价体系，华为员工只需要把工作干好，努力做出贡献即可，不用为了名利去拍领导的马屁——在什么岗位，就拿什么工资；创造了多少超额完成的绩效，就拿多少奖金；要想升职，有任职资格能力评估；要想拿股权，除了考察岗位价值、绩效价值，还要看对公司文化的认同程度和对价值观的践行程度。

这四套评价体系从20世纪90年代到现在都没有变。2018年华为发布的《华为公司人力资源管理纲要2.0》也把它们继承下来了。正是这套"好人不吃亏，坏人不得志，贡献者定能得到合理的回报"的价值管理体系造就了华为今天的强大。

（四）建立干部行为规范与纪律"天条"，严惩腐败

对干部建立"天条"首先是建立反腐败的高压线。堡垒最容易从内部攻破。腐败就是组织内部最顽固、最隐蔽的脓疮和毒瘤，也是许多

企业的"心腹大患"。很多企业都在艰苦卓绝地与内部腐败进行不懈的斗争。

2021年4月28日，三只松鼠股份有限公司（以下简称"三只松鼠"）进行了一次特殊的"团建"——看一场庭审直播。

直播中的被告是三只松鼠前高管蒋某。他在公司内部自查时，被公司发现盗卖废纸箱，公司在进一步调查取证后向公安机关举报，他直接在公司被"铐走"，后又主动坦白了收受他人钱财27.9万余元、向他人索要一辆价值42.9万元的宝马车的犯罪事实。

当天，三只松鼠创始人章燎原发了一篇微信朋友圈短文，提到自己在2012年注意到蒋某，又在多年后，看到他成为大区总监，感慨"松鼠能够把一个年轻人培养成干部"。他仍称蒋某为"松鼠人"，说他家庭贫困，希望法庭可以轻判，"但法律是公平的，我们能做的就是给予他的父母一些钱、一些关怀"。更重要的是，他称公司把文化和价值观建设得很好，但管理和内控体系却"实在无法匹配这种价值观"。痛心惋惜之情溢于字里行间。

很快，"三只松鼠前高管盗卖公司废纸箱被判刑"冲上社交媒体热搜榜，而"都做到高管了，怎么还想着卖纸盒子？"成为众多网友心中的不解之谜。

其实，三只松鼠一向把"廉洁"当作头等大事，其廉洁文化已经走过了不短的发展历程，自2012年起，大体经过四个发展阶段。

1. 2012—2014年三只松鼠廉洁文化探索时期

这一时期是三只松鼠廉洁文化孕育阶段，以构建腐败预防体系为首要工作。公司首先在产品采购中心建立合作伙伴日常培训机制及对接规范，针对业务实际制定相应的廉洁管理办法，积累实践经验，打开三只松鼠廉洁新世界的大门。

主要的工作理念是："松鼠家规""透明简单信任""无为而治"和执行《松鼠廉政 4P 令》(后来升级为《松鼠廉政 5P 令》)。

2. 2015—2016 年三只松鼠廉洁文化成长时期

在这一时期，廉洁文化建设进入正式化阶段，以预防腐败制度体系建设为主，建立了松鼠廉署内部的工作体系以及廉洁标准，对内以《员工廉洁奖惩细则》为核心规范，对外以《合作伙伴廉洁处罚细则》为管理要求，不断去加固松鼠廉洁的壁垒。

主要的工作理念是："泛廉洁""三个凡是""互联网＋廉洁""廉洁机构专门化"。

3. 2017—2018 年三只松鼠廉洁文化成熟时期

在这一时期，随着三只松鼠的业态进一步扩大，其业务领域也在不断深化变革，企业内部廉洁风险增大，所以该阶段以调查监督体系建设为主，进一步开辟举报渠道，加大违规成本，致力于降低廉洁风险，保障企业的多业态健康发展。

主要的工作理念是：完善员工廉洁调查管理规定、终身追责、推行契约式调查、廉洁四严、廉洁业务一体化。

4. 2019—2023 年三只松鼠廉洁文化数字化时期

在这一时期，三只松鼠尝试探索廉洁文化数字化的发展路径，将廉洁文化与数字化业务融合，制定适配廉洁风险业务的全套方案，以严厉监督为核心，重塑廉洁使命、愿景及行为准则，构建廉洁系统，打造廉行 App。

三只松鼠通过廉洁文化数字化，聚力于"三不腐"。

一是聚力于"不想腐"。创新廉洁文化宣教路径，全生态"接种"廉洁"疫苗"；打造在线化宣教平台，将廉洁文化全面触达松鼠生态，构建事前预防体系，建立共同认知；制定生态廉洁指数评价指标，动态监测预防成效，强化松鼠生态对廉洁文化的心理认同。

二是聚力于"不能腐"。全面布局廉洁监察体系，打造松鼠廉洁安全盾；做严做实行为监察，实现重要商务对接行为无死角监督，引导督促重要岗位的规范养成；借助数字化手段，全力打造廉洁监察信息库和工具箱，促进廉洁体系与业务发展的深度融合。

三是聚力于"不敢腐"。提升廉洁调查问责力度，打磨消除腐败毒瘤的利剑，全生态开放"老爹云信箱"，使举报信一键直达，安全保密；结合"百万追凶"及"廉洁终身追责"项目加大廉洁违规成本，防止职权滥用；借力检、警合作，打造松鼠内外部联合打击腐败的有力武器。

除了以上的理念和做法之外，三只松鼠的廉洁文化建设在员工操作层面也有具体要求，比如员工与供应商谈合作，第一项工作就是找一间会议室，当着同事和供应商的面，宣读《松鼠廉政 5P 令》，其内容包括：不能跟供应商在外面就餐，第一选择应该是食堂，如果在外就餐，一个人的餐费不能超过 50 元；必须由三只松鼠方的人员买单；不能让供应商提供住宿或其他文娱类活动，陪同人员不能超过两个；供应商不能拉横幅欢迎、不能搞形式主义……但即使有了这样的纪律，腐败还是像野草般烧不尽。

蒋某不是第一个被移交司法机关的公司员工，也绝不会是最后一个。纵观中国企业的发展，几乎每家有影响力的企业都有过令人痛心疾首的腐败案例。

2021 年，碧桂园文商旅集团原总经理张某涉嫌索贿受贿，被移交司法机关。知情人士透露，张某涉嫌贪腐金额达千万元。

2021 年 3 月 25 日，中国裁判文书网披露的一份关于高某峰的非国家工作人员受贿二审刑事判决书显示，高某峰于 2017 年 2 月 15 日入职北京字节跳动科技有限公司，担任餐饮专家工作，全面负责公司餐饮供应商的引入、对接、日常监督、资金结算、合同续签等环节。在任职期间，高某峰利用职务便利，向北京字节跳动科技有限公司餐饮供货商北京吾午后勤管理服务有限公司法定代表人张某和北京帮仁健悦餐饮管理有限公司法定代表人明某索取钱款共计人民币 1 024.7 万元，为上述公司在资金结算、合同续签等环节谋取利益。最终，高某峰被北京市第一中级人民法院二审以非国家工作人员受贿罪判处有期徒刑六年。

2020 年，阿里巴巴内网通报菜鸟网络原副总裁及地网业务负责人史某受贿数百万元，该案件被定性为菜鸟历史上影响最大的廉政案。

2019 年，小米公司原中国区市场部员工赵某，利用职务便利向合作供应商索要好处费，金额较大，被移交司法机关。

2019 年 1 月，深圳市大疆创新科技有限公司（以下简称"大疆"）对内发布反腐公告。在这份公告中，大疆自曝 2018 年由于供应链贪腐造成的损失"保守估计超过 10 亿元人民币"。公告透露，大疆已处理问题员工 45 人，其中直接开除 29 人，移交司法机关处理 16 人。作为贪腐重灾区的大疆采购部，其员工继 2014 年后第二次几乎被全体开除。"腐败的范围比想象的要大很多"，大疆在公告中坦露，反腐牵涉范围超过百人。

2017 年，华为消费者 BG（业务群）大中华区原执行副总裁滕某因涉嫌非国家工作人员受贿罪被公安机关采取强制措施。

2014 年，京东集团自己报警抓捕了三个贪腐员工，其中有两人的妻子刚怀孕不久，警察到公司上门抓人时，两人向公司领导下跪求情。当时京东负责反腐的李娅云，面对情与法的矛盾与冲突，内心非常煎熬。最终刘强东拍板定案，并在公司内部警告员工："如果公司怀疑你贪了10 万元，就算花 1 000 万元调查取证，也要把你查出来，把你开除。"

以上只是中国企业内部腐败问题的冰山一角，中国企业还要与腐败进行艰苦卓绝的斗争。

关于如何惩治腐败，很多企业都在摸索，但是总体应该以预防为主，建立让员工不敢腐、不能腐、不想腐的机制。比如，华为为了严肃干部队伍纪律，规范干部行为，专门制定颁布了《华为公司改进工作作风的八条要求》，要求所有干部宣誓并严格执行。阿里巴巴则设立了廉正合规部，强化组织内部的红线意识，让组织内部反腐败保持高压态势。

防止干部腐败和惰怠则需要组织建立长效的内部监控体系，加强组织内部的审计自查。比如《华为基本法》就专门强调了内部审计，明确内部审计是对公司各部门、事业部和子公司经营活动的真实性、合法性、效益性及各种内部控制制度的科学性和有效性进行审查、核实和评价的监控活动。

笔者也承认，腐败与人性的弱点有关，要完全杜绝腐败是一件非常困难的事情，企业需要做的是持续保持警惕，常抓不懈。

坚持民主集中制，
让组织始终充满智慧

中国共产党之所以始终充满集体智慧，不错失任何重大的历史性发展机遇，并能不断走出与避开发展道路上的各种陷阱，使组织内部多元一体，不分裂、不内讧，非常重要的一点是：它的根本组织原则与领导制度是民主集中制。中国共产党发展壮大的历史就是民主集中制不断完善、不断创新的历史。

一、民主集中制是中国共产党最大的制度优势

民主集中制原则可以说是马克思主义政党的一个伟大创造。对无产阶级国家政权集中统一的必要性的认识来自巴黎公社。1871 年 3 月巴黎无产阶级举行武装起义，占领了巴黎，并成立巴黎公社。但很快，巴黎公社就因为没有马克思主义政党的集中统一领导，未能建立工农联盟，最终在反动势力的联合进攻下，于 5 月 28 日失败。后来，恩格斯在总结巴黎公社失败的教训时指出："巴黎公社遭到灭亡，就是由于缺乏集中和权威。"

1919 年 3 月，共产国际成立。1920 年 7 月，共产国际第二次代表大会召开，在这次大会上通过的《共产国际章程》和《加入共产国际的条件》，对共产国际及所属政党的民主集中制原则作了明确规定。《共产国际章程》明确提出，"为了迅速取得胜利，正为消灭资本主义建立共产主义而斗争的工人协会必须有一个高度集中的组织"。《加入共产国际的条件》则明确指出："加入共产国际的党，应该是按照民主集中制的原则建立起来的。在目前激烈的国内战争时代，共产党只有按照高度集中的方式组织起来，在党内实行近似军事纪律那样的铁的纪律，党的中央机关成为拥有广泛的权力、得到党员普遍信任的权威性机构，只有这样，党才能履行自己的职责。"

（一）中国共产党对民主集中制的初步认识与探索

1921 年 7 月中国共产党成立，并于中共二大通过决议加入共产国际，成为国际共产党的中国支部。此后，中国共产党人把马克思主义关于民主集中制的认识和理论应用于中国共产党的自身建设，并根据中国的具体情况对民主集中制进行了完善。

民主集中制原则分为民主原则、集中原则两个方面。

在《井冈山的斗争》一文中，毛泽东提道："民主集中主义的制度，一定要在革命斗争中显出了它的效力，使群众了解它是最能发动群众力量和最利于斗争的，方能普遍地真实地应用于群众组织。我们正在制订详细的各级代表会组织法（依据中央的大纲），把以前的错误逐渐纠正。红军中的各级士兵代表会议，现亦正在使之经常建立起来，纠正从前只有士兵委员会而无士兵代表会的错误。"

1927 年 6 月 1 日，中共中央政治局通过的《中国共产党第三次修正章程决案》，第一次明确规定了"党部的指导原则为民主集中制"。这是在党的根本法规中第一次出现民主集中制的提法。

所谓民主集中制是指在民主基础上的集中和在集中指导下的民主相结合的制度。如何理解"在民主基础上的集中和在集中指导下的民主"所界定的民主集中制的科学内涵呢？列宁曾对此解释说：在问题尚未决定以前，允许自由发表意见，进行辩论；但在问题一经多数决定和上级批准以后，即须完全服从，坚决执行。

也就是说，民主和集中是实行民主集中制的两个过程。前一个过程，是充分发扬民主、广泛听取意见并经民主议论商讨进行表决，根据少数服从多数的原则作出决定。这是形成集中、走向集中的过程，即民主基础上的集中过程。后一个过程，则是在多数同意、形成决定和经上级批准以后，需要完全服从、坚决执行的过程，即集中指导下的民主过程。它维护的是多数人的民主意志，体现的是民主的权威。因此，这两个过程可以表示为："民主—集中"的过程和"集中—民主"的过程。

民主集中制的哲学和政治依据是从群众中来、到群众中去。"从群众中来"就是发扬民主、集中群众智慧的过程，"到群众中去"就是贯彻执行正确意见的过程。

民主集中制是马克思主义对立统一规律的集中体现，它的妙处在于：用民主对抗专制，避免了绝对的集权；同时，又用集中对抗散漫，避免了无政府主义。可以说，它既不是一盘散沙的所谓民主，也不是密不透风的专制集权，而是张弛有度的适当集权。

民主集中制的好处在于可以实现从个人智慧到群体智慧的转变，使得整个组织智慧不是建立在个人的基础之上。民主集中制得到的不一定是最佳方案，但是避免了最坏的结果。

1957年2月，毛泽东同志在《关于正确处理人民内部矛盾的问题》一文中对民主集中制的内涵作出新的概括："在人民内部，民主是对集中而言，自由是对纪律而言。这些都是一个统一体的两个矛盾着的侧面，它们是矛盾的，又是统一的，我们不应当片面地强调某一个侧面而否定另一个侧面……这种民主和集中的统一，自由和纪律的统一，就是我们的民主集中制。"民主集中制作为党内决策的原则和决策方法，在党委制中具体体现为毛泽东所说的"集体领导和个人负责，二者不可偏废"。

从历史上看，民主集中制在实践中之所以出现偏差，出现问题，总的来说是因为集中过度而民主不足，即不是从民主出发谈集中、使集中真正成为民主基础上的集中，而是在集中的基础上谈民主、颠倒了民主与集中的关系，以致民主缺乏应有的空间和张力，让专权乘机而入。

（二）中国共产党对民主集中制认识的深化：民主集中制的中心是民主

邓小平同志在反思"文化大革命"的教训时，认为这场浩劫就是离开民主讲集中、未真正实行民主集中制导致的严重后果。他明确地指出"民主集中制的中心是民主"，解决了民主集中制长期以来饱受困扰的症结问题。他甚至早在 1962 年就注意到这一点，并上升到亡党亡国的高度去看待民主集中制，告诫全党，"如果搞得不好，特别是民主集中制执行得不好，党是可以变质的，国家也是可以变质的，社会主义也是可以变质的。干部可以变质，个人也可以变质"，这也是当时中央领导的共识。他把民主集中制看成"是党和国家的最根本的制度……是关系我们党和国家命运的事情"。

由于中央明确了民主集中制的中心是民主，因此，在贯彻执行民主集中制时就必然要立足和围绕民主这个中心。1981 年党的十一届六中全会召开，中国共产党在组织上进行了重大调整，进行了中央主要领导成员的改选、增选，加强了中央的集体领导。

1997 年 12 月，江泽民同志在全国组织工作会议上的讲话中指出："民主集中制是党和国家的根本组织制度和领导制度，要始终坚持贯彻执行。实践表明，一个领导班子的状况如何，同是否认真执行民主集中制有直接关系。有些领导班子存在不团结现象，原因很多，但带共性的一条就是民主集中制执行得不好，搞少数人或者个人说了算，把集体领导当陪衬，把集体讨论当形式，或者遇事议而不决，决而不行。要增强领导班子的凝聚力和战斗力，必须健全集体领导和个人分工负责相结合的制度。主要领导同志要有魄力，尤其要有全局思想和民主作风，要懂得尊重别人，善于集思广益，坚持重大问题集体讨论决定。每个领导成员既要根据集体的决定和分工，切实履行自己的职责，又要关心全局工作，积极参与集体领导。要把贯彻执行民主集中制与讲学习、讲政治、讲正气结合起来，树立领导班子的良好形象。"

（三）新时代中国共产党对民主集中制的进一步完善：民主与集中相辅相成、缺一不可

党的十八大以来，以习近平同志为核心的党中央坚持党的领导，深化对民主政治发展规律的认识。

（1）2017年2月13日，在省部级主要领导干部学习贯彻十八届六中全会精神专题研讨班开班式上的讲话中，习近平总书记指出："我们党历来高度重视发展党内民主。党的代表大会报告、党的全会文件、党的重要文件和重大决策、政府工作报告、重大改革发展举措、部门重要工作文件，都要在党内一定范围征求意见，有的不止征求一次，还要征求两次、三次，部门的重要文件，有的要征求全部省区市的意见和建议，有的要征求几十家中央和国家部门的意见和建议。"

（2）中共中央政治局于2018年12月25日至26日召开民主生活会，习近平总书记主持会议并发表重要讲话，其中用了大量的篇幅阐述民主集中制，主要观点如下：

重申民主集中制的重要地位："民主集中制是我们党的根本组织原则和领导制度，是马克思主义政党区别于其他政党的重要标志。"

评价民主集中制的重要作用："这项制度把充分发扬党内民主和正确实行集中有机结合起来，既可以最大限度激发全党创造活力，又可以统一全党思想和行动，有效防止和克服议而不决、决而不行的分散主义，是科学合理而又有效率的制度。"

阐释民主和集中的关系："民主集中制包括民主和集中两个方面，

两者互为条件、相辅相成、缺一不可。我们要把民主和集中有机统一起来，真正把民主集中制的优势变成我们党的政治优势、组织优势、制度优势、工作优势。"

强调要注重充分发扬党内民主："党的十八大以来，党中央各项决策都严格执行民主集中制，都注重充分发扬党内民主，都是经过深入调查研究、广泛听取各方面意见、进行反复讨论而形成的。要把我们这样一个大党大国治理好，就要掌握方方面面的情况，这就要靠发扬党内民主而来，靠各级党组织和广大党员、干部广泛听取民声、汇聚民意而来。"

重视培养领导干部的民主素养："领导干部要把民主素养作为一种领导能力来培养，作为一门领导艺术来掌握。要有平等待人、与人为善的真诚态度，有虚怀若谷、海纳百川的宽阔胸襟，力争把各方面的真实意见掌握全、掌握准，进行反复研究、反复比较、择善而从。要善于正确集中，把不同意见统一起来，把各种分散意见中的真知灼见提炼概括出来，把符合事物发展规律、符合广大人民群众根本利益的正确意见集中起来，作出科学决策。"

（3）在 2021 年 10 月 13 日至 14 日的中央人大工作会议上，习近平总书记强调：

民主不可能千篇一律："民主是全人类的共同价值，是中国共产党和中国人民始终不渝坚持的重要理念。""民主是各国人民的权利，而不是少数国家的专利。一个国家是不是民主，应该由这个国家的人民来评判，而不应该由外部少数人指手画脚来评判。国际社会哪个国家是不是民主的，应该由国际社会共同来评判，而不应该由自以为是的少数国家来评判。实现民主有多种方式，不可能千篇一律。用单一的标尺衡量世界丰富多彩的政治制度，用单调的眼光审视人类五彩缤纷的政治文明，本身就是不民主的。"

如何判断一个国家民主不民主："民主不是装饰品，不是用来做摆设的，而是要用来解决人民需要解决的问题的。一个国家民主不民主，关键在于是不是真正做到了人民当家作主，要看人民有没有投票权，更要看人民有没有广泛参与权；要看人民在选举过程中得到了什么口头许诺，更要看选举后这些承诺实现了多少；要看制度和法律规定了什么样的政治程序和政治规则，更要看这些制度和法律是不是真正得到了执行；要看权力运行规则和程序是否民主，更要看权力是否真正受到人民监督和制约。如果人民只有在投票时被唤醒、投票后就进入休眠期，只有竞选时聆听天花乱坠的口号、竞选后就毫无发言权，只有拉票时受宠、选举后就被冷落，这样的民主不是真正的民主。"

如何评价一个国家的政治制度是不是民主的、有效的："评价一个国家政治制度是不是民主的、有效的，主要看国家领导层能否依法有序更替，全体人民能否依法管理国家事务和社会事务、管理经济和文化事业，人民群众能否畅通表达利益要求，社会各方面能否有效参与国家政治生活，国家决策能否实现科学化、民主化，各方面人才能否通过公平竞争进入国家领导和管理体系，执政党能否依照宪法法律规定实现对国家事务的领导，权力运用能否得到有效制约和监督。"

倡导"全过程人民民主"："党的十八大以来，我们深化对民主政治发展规律的认识，提出全过程人民民主的重大理念。我国全过程人民民主不仅有完整的制度程序，而且有完整的参与实践。""我国全过程人民民主实现了过程民主和成果民主、程序民主和实质民主、直接民主和间接民主、人民民主和国家意志相统一，是全链条、全方位、全覆盖的民主，是最广泛、最真实、最管用的社会主义民主。我们要继续推进全过程人民民主建设，把人民当家作主具体地、现实地体现到党治国理政的政策措施上来，具体地、现实地体现到党和国家机关各个方面各个层级工作上来，具体地、现实地体现到实现人民对美好生活向往的工作上来。"

（四）集权不同于专制

中国共产党的组织管理是民主基础上的集中、集中指导下的民主，是民主和集中的有机辩证统一，强调的是对民主和集中的度的恰当把握，从来没有将民主和集权对立起来。在某种意义上，它是一种以民主为基础的适度集权，在人民民主的基础上强调领袖权威领导，以凝聚群体智慧的领袖思想为中心，控制圆心，放开周边，开放而不封闭。

建立在民主集中制基础上的集权不同于专制，两者的区别体现在：

（1）建立在民主集中制基础上的集权是集中组织、团队智慧下的集权，其组织智慧不是建立在个人之上，而是建立在集体之上、建立在组织民主之上。而专制则是建立在个人智慧、个人专权的基础上。

（2）民主集中制基础上的适度集权是开放式的系统，而专制则是封闭式的系统。民主集中制既强调从上至下的统一性，又强调要善于充分发挥各级党组织的主动性、积极性和创造性。

（3）民主集中制基础上的集权强调少数服从多数，个人服从组织，下级服从上级，全党服从中央。专制是个人凌驾于组织之上，个人决定并绑架整个组织。

（4）民主集中制基础上的集权用的是德才兼备的人才，善用敢提不同意见的忠诚的谏言者；而专制者听不进别人的意见，喜好用奴才与庸才。

（5）民主集中制基础上的集权崇尚真理，谁有智慧、谁掌握了真理就听谁的。而真理往往掌握在少数人手里，往往是掌握真理的少数人说服大多数人，同大多数人达成共识，并且反对一言堂，反对搞个人崇拜。专制则搞一言堂，大搞个人崇拜。

（6）民主集中制基础上的集权倡导组织自我批判，有自我纠错机制与自我修复能力。专制体制没有自我批判精神，也就没有自我纠错的能力。

（五）民主首先是保障生存权、发展权

中国共产党会把人民的生存权、发展权放在最核心的位置。对于人民来说，什么样的权利是最重要的？中国共产党的回答是在战争年代解决人民的吃饭问题，在建设年代保障人民的发展权。

中国人民民主的本质和核心是人民当家作主，让人民过上好生活。习近平总书记在党的十九大报告中强调："我国社会主义民主是维护人民根本利益的最广泛、最真实、最管用的民主。发展社会主义民主政治就是要体现人民意志、保障人民权益、激发人民创造活力，用制度体系保证人民当家作主。"他在党的二十大报告中进一步指出，"全过程人民民主是社会主义民主政治的本质属性，是最广泛、最真实、最管用的民主"，强调要"发展全过程人民民主，保障人民当家作主"。

从战争年代民主首先是解决人民的吃饭问题，到现在关于民主"四个更要看"的评判标准，可见：我们所倡导的民主不只是一种理念，更是具体的行动；不是一种口号，而是对人民生活需求的满足。

二、企业如何发展民主集中制

（一）企业要给员工留下发表意见、想法的空间

中国经济已经进入知识经济、创新经济时代，人力资本对企业的

影响越来越大。对知识型员工要靠自主管理，因为他们的工作、生产过程不可见，只有员工能够自主管理，才能有更高的工作绩效。另外，知识型员工更看重对组织的参与感，员工主动参与还是被动管理在很大程度上影响着员工对业务承诺的履行，也影响着员工积极性和主动性的发挥。

员工的意见表达，可以帮助企业不断进行自我完善。员工的意见表达需要有渠道，如果没有员工表达意见、纾解情绪的渠道，企业便会变得过于刚性，缺乏柔性，从而经不起风浪。

为什么华为在美国的打压下依然还能挺立？一个非常重要的原因是华为有心声社区，它可以使员工通过实名或者匿名的方式对组织的做法发表意见和建议，从而建立起员工个人与组织之间的缓冲带，使员工的情绪可以得到一定程度的纾解，对组织中的熵增进行抑制。

很多组织实行权威式管理，员工的意见和情绪难以表达出来，这样随着时间的推移，员工的情绪会不断累积。当遇到风浪时，组织会因缺乏与员工的良性互动而无法建立信任，从而就容易给组织带来致命后果。

（二）在民主基础之上，企业家必须集中

民主的目的在于听取不同的意见。在很多时候，不同的意见难有绝对的对错之分，有时更是都为对的选项，只是考虑问题的视角、风险的偏好、组织中的站位不同而已。正所谓：管理没有对错，只有因果。因此，企业家必须有集中的意识与能力。企业家作为企业的领袖，在组织中的核心领导地位不可动摇。

2015 年，深圳市政府批给华为一块地，并且允许华为做商业开发。华为内部测算了一下，如果开发成商住楼，不用对外销售，直接卖给华

为员工，净利润可达 100 亿元。

在公司最高层会议上讨论时，这一议案的表决结果为八票同意、一票反对，反对的是任正非。其他八个人都认为这是送到嘴边的 100 亿元，应该拿下。如果地块做了商业开发，既解决了员工住房问题，又能给公司带来收益，为什么不做呢？但任正非就是不同意，最后高管们求任正非说："老板，我们就干这一次。"

但最后，任正非还是坚持了他的意见，动用了他的一票否决权。他说，华为是一个赚小钱的公司，一旦赚了大钱，大家就都不愿意赚小钱了。

企业需要民主，也需要集中，民主与集中之间需要适度平衡，需要集中指导下的民主，也需要民主基础上的集中。西方有句谚语"一个坏主人胜过两个好主人"，也是讲的要集中。企业需要有能最终拍板的人，这也是民主集中制非常重要的方面。

（三）企业家要从追求个人成功转向追求组织成功，从追求个人智慧转向追求组织智慧

从一般意义上来讲，企业家多少都有成功的一面，不然不可能成为企业家。但是企业家个人的成功很容易带来个人的自我膨胀。全球领导力大师马歇尔·戈德史密斯就直言，领导者有几大坏习惯，比如过于争强好胜，几乎在任何情况下，他们都会不惜成本地去"赢"，但很多时候不是为了事情的解决和目标的达成，而是为了所谓的面子，过度竞争，让组织付出了不必要的代价。再比如，领导者不愿意听取他人的意见，觉得自己的看法才是正确而高明的，他们身居高位，大权在握，喜欢说一不二、一呼百应，这种无所不能、呼风唤雨的幻觉，往往不知不觉中就把组织推向了危险境地。

中国改革开放四十多年来，自我膨胀的企业家接连不断地出现，不

少企业家缺乏风险意识，造成了许多战略决策上的失误，给相关企业带来了巨大损失，有的企业甚至因此破产。造成这种局面的表层原因是企业家缺乏风险管理意识，但深层的原因则是这些企业家被过去的成功麻痹，而且长期处在权力的顶峰，听惯了利益相关者的阿谀奉承，久而久之，以为自己真的智力超群，才华横溢，能力非凡，决策力和判断力超于他人，听不进别人的意见和建议。

吴晓波曾研究中国多家红极一时、最终却折戟沉沙的企业，写出了《大败局》一书。他由衷地感慨道：（这些企业家）在一片本不属于自己的天地里，呼啸而起，创造奇迹，大抵算得上是"强人"；然而，能够在一鸣惊人之后，竭力地遏制其内在的非理性冲动，迅速地脱胎换骨，以一种平常的姿态和形象持续地成长，才算得上真正的大英雄。

企业家要遏制非理性冲动，需要实现从个人智慧到组织智慧的跨越。毕竟正如1974年获得诺贝尔经济学奖的哈耶克认为的那样："任何个人、团体都不可能掌握市场运转所需的所有知识。劳动分工的本质就是知识分工。千万年来，每个人都在自发地运用零散的、独有的、不可言说的知识，以价格为唯一信号进行分工交易，并促成人类的进步与繁荣。"每个人都有自己的局限，企业家也不例外。

企业要获得持久发展，需要向中国共产党学习民主集中制，实现从追求个人成功向追求组织成功、从追求个人智慧向追求组织智慧的转变。这样即使没有做出最好的决策，也能避免最坏的决策。

（四）企业家要时刻警惕个人崇拜

在组织中也存在着滋生个人崇拜的土壤，组织越大，成就越是辉煌，老板和组织陷入个人崇拜的可能性就越大。

能把企业做大的企业家，必定具有一定的能力和魅力。这种能力和魅力会让下属产生一种权威感，认为老板都是对的，从而丧失了自身对组织的思考、分析和判断。

笔者曾和一家世界500强民企的总裁助理交流，那时，他已过耳顺之年，跟随老板创业20余年。他讲述了创业路上的筚路蓝缕，也讲到了自己的一个体会，那就是企业发展遇到的挑战越多，他越是对老板佩服得五体投地，因为他发现老板每次都能力挽狂澜、逢凶化吉。最后，他非常认真而严肃地对笔者说：我们老板是神，不是人。

在心理学上有个晕轮效应，指的是人们对他人的认知和判断容易从局部出发，扩散而得出整体印象，即常常以偏概全。企业家之所以能成为企业家是因为他们有着与一般人不同的特质，比如冒险精神、杀伐决断等人格魅力。这种人格魅力有时会因为商业成功而被放大，从而让人产生一种崇拜感。

管理学大师詹姆斯·G.马奇在他的《论领导力》一书中写道："权力有一种美学上的吸引力，它令人着迷。"往往企业做得越大越成功的人，拥有的权力也就越大，在权力所形成的迷幻氛围中，容易自我膨胀，自我迷失。

那如何避免个人崇拜？作为企业家来讲，就要走出自己企业的小圈子，有意识地去接触那些比自己更优秀的人。只有不断接触和认识比自己更优秀的人，才能看到和感受到自己与他人的差距，也才能以人为镜，看到自己的不足。

（五）企业要建立科学的决策机制与流程，避免独断

几乎每位企业家都思考过应为公司建立怎样的制度。笔者曾为一家企业提供咨询服务，一见面，企业家就疑惑地问道：我们公司所有的关于制度和流程的文件摞起来比桌子还高，但为什么还是做不好呢？很多

时候，企业家建立制度的出发点是如何管理好员工，几乎从未考虑过怎样约束自己。

阿克顿在《自由与权力》一书中说：权力导致腐败，绝对权力导致绝对腐败；没有对权力的约束，大人物往往是坏人物。因此，所有的企业家都需要对自己手中的权力保持警醒。

有一部分企业家意识到需要把自己的部分权力关进笼子，比如《华为基本法》就规定，公司的高层管理组织的基本结构为三部分：公司执行委员会、高层管理委员会与公司职能部门。公司高层管理委员会有战略规划委员会、人力资源委员会、财经管理委员会。公司遵循民主决策、权威管理的原则。高层重大决策需经高层管理委员会充分讨论。决策的原则是从贤不从众。要造成一种环境，让不同意见存在和发表。一经形成决议，就要实行权威管理。公司民主决策的方针是，放开高层民主，强化基层执行。

很多老板认为组织能力是指自己管理和约束其他的生产要素，这些要素不包含自己，自己则处于上帝的视野和位置。简单来说，这些老板就是喜欢约束别人，而认为自己应该或者可以不受约束，不受组织约束，不受客户约束，甚至可以不受政府约束。

孔子说："其身正，不令而行；其身不正，虽令不从。"也就是说，如果领导自身行为端正，即使没有命令，老百姓也会按他的意旨去做；如果领导行为不端，即使三令五申，老百姓也不会服从。上行下效，做什么比说什么更重要。

在企业中，每个人都要受到组织约束，包括老板，再伟大的老板也应该如此。如果老板和能人都不受组织约束，企业就没有组织能力了。所以，老板不改变"权"作风，不自我批判，是不可能建立组织能力的。

（六）企业家要包容人才的缺点，发挥人才的优势，善用敢于提不同意见的个性化人才

企业家要向中国共产党学任人唯贤之道，善用有个性、有能力的人才。爱听好听的话，是人性。铁娘子撒切尔夫人说，她知道身边有很多溜须拍马的人，但她就是喜欢听好听的话。但是好的企业家是反人性的，这里的反人性是指需要克服人性中的弱点，实现自我超越。

华为为了保证战略构想的全面性，借鉴军队的做法成立"蓝军"，其主要的职责是对"红军"提出的战略、产品和解决方案进行全面评估，进行反向分析和批判性辩论，简单来说就是唱反调。唱反调的存在，为公司董事会的决策提供了不同立场、建议、视角，让原有的方案更加完善，降低了决策可能面临的风险，保证了华为一直走在正确的道路上。

华为为了让"蓝军"能够真正发挥作用，能够真正直言不讳，甚至给予"蓝军"更多的保护、更高的地位、更大的权限。正是这种政策上的优待让"蓝军"没有了思想上的顾虑，敢想敢干。"蓝军"甚至可以否定任正非的决策，比如2008年任正非决定放弃消费者业务，专做对企业业务，结果"蓝军"反对，明确提出，放弃消费者业务就是放弃华为的未来。任正非最终收回决定，这才有了此后的手机业务。

"蓝军"所发挥的对抗性力量，让最终决策者能够多角度、全方位地看到决策结果，进而对现有方案进行最大限度的修正完善，并且通过这样的沟通，也减少了决策落地过程中的摩擦和阻力。

为了鼓励"蓝军"，任正非甚至说："要想升官，先到蓝军去，不把红军打败就不要升司令。红军的司令如果没有蓝军经历，也不要再提拔了。你都不知道如何打败华为，说明你已到天花板了。"

"团结、紧张、严肃、活泼"，
激发组织能量

中国共产党创造了独特的、良好的工作作风、组织氛围和精神面貌，用八个字来概括就是：团结、紧张、严肃、活泼。

中国共产党为什么组织有力量？关键就是中国共产党讲团结，善于团结一切可以团结的力量。团结是组织力量的源泉，团结让组织凝聚在一起。人心齐，泰山移。团结使组织力出一孔，利出一孔，使组织中个性不同、各有所长的人凝聚成组织巨大的能量，并形成超强的组织战斗力。团结就是力量。

中国共产党为什么有战斗力？关键就是始终让组织充满危机感和临战的紧张感。紧张让组织永不懈怠，紧张就是战斗力。组织的战斗力往往是在危机中、紧张中激发，在高压下爆发出来的。这种紧张在战争中体现得尤为明显，因为打仗是要死人的，组织不紧张，松松垮垮，毫无斗志，不可能打胜仗。回顾中国共产党与国民党的军事斗争史，可以发现，一大特点是"共产党军队紧张，国民党军队不紧张"。

蒋介石在总结为什么共产党军队比国民党军队更有战斗力时，曾感叹共产党军队比国民党军队更紧张、更拼命，而自己的军队松懈，没有紧张感，因而丧失了战斗力。任何一个组织，一定要有高绩效压力、有危机感、有内外竞争压力。没有任何一个组织是靠松松垮垮、靠懈怠不断打胜仗的。

中国共产党为什么能有序壮大，高效率运行？关键就是在激情奋斗中始终保持组织的严肃与理性。严肃是组织制度建设与规范化管理的保障，是建立组织理性的基础。不严肃、不理性，组织容易犯方向性大错误，容易翻车；不严肃、不理性，组织难以建立秩序与规则、形成组织能力。

中国共产党为什么具有活力和创造力?关键在于创造了一种让组织生动活泼的气氛,使组织不呆板、不僵化,具有创新、创造的活力。活泼让组织充满激情和活力,活泼就是创造力。组织的活力与创造力来自哪里?来自组织富有生气,来自组织气氛活跃热烈,来自成员的不呆板、不僵化,来自成员的自我驱动、自我激励,来自成员的阳光、自然、率性、活泼,来自开放、包容、创新的组织文化。

一、"热烈而镇定的情绪,紧张而有秩序的工作"

马、恩最早提出了"全世界无产者,联合起来!"这一口号,强调团结的重要性,联合就是团结,联合体就是团结的共同体。毛泽东也多次强调团结的重要性。他指出:"要团结一切可以团结的力量""要团结,不要分裂"。在讲到如何团结时,他说要使用"团结——批评——团结"的方法。

1872年9月,马克思在一次演讲中说:"让我们回忆一下国际的一个基本原则——团结。如果我们能够在一切国家的一切工人中间牢牢地巩固这个富有生气的原则,我们就一定会达到我们所向往的伟大目标。"

早在1936年12月,毛泽东同志就在《中国革命战争的战略问题》中清晰地表达了这样的一种工作状态:"我们需要的是热烈而镇定的情绪,紧张而有秩序的工作。"

因为条件所限,抗大办学特别艰难,可以说是要教材没教材,要教具没教具,但是毛泽东始终保持乐观主义精神,说:至于没有教室、桌子、板凳,那么我们就坐在地球上听课,现在大家不是都坐在地球上吗?(当时听报告都是在广场上席地而坐。)这些幽默、风趣的语言,是毛泽东乐观、直白、风趣的体现,也是当时氛围、环境的写照。

（一）我们的工作是紧张的，也是快乐健康的

1937年上半年，毛泽东为抗大制定了"团结、紧张、严肃、活泼"的校训。"团结、紧张、严肃、活泼"后又成为抗大的校风。这一校风用陈毅元帅的话说，就是："严格的军事生活之锻炼，我军传统作风之解释和叙述，军队铁的纪律的遵守，军队指战员间的革命的友爱，革命军人的自觉的学习和工作精神"。他进一步强调了校风的重要性，指出："校风之创造，是造成良好的学习与修养的环境，更加熏陶和提炼干部的优秀的政治品质，更加提高和增加干部的实用的军事技术，使每一干部踏足校门，即有新鲜的感觉，而便利他从事学习与修养。"

毛泽东还提出了"坚定正确的政治方向，艰苦朴素的工作作风，灵活机动的战略战术"的教育方针，这三句话与"团结、紧张、严肃、活泼"八个字一起被称为"三八作风"。它不仅成为延安时期的教育方针，成为人民军队的光荣传统和优良作风，也成为中国共产党人的工作和生活状态的反映。

抗大根据毛泽东制定的校训、校风，指导并培养了有优良品格的军政干部，塑造了他们良好的精神风貌，形成了良好的工作作风，为抗日战争的胜利和新中国的成立奠定了基础。

现在很多人质疑团结与紧张、严肃与活泼能否同时存在。在质疑者的认知里，团结就不能紧张，严肃就不能活泼，反之亦然。这其实是陷入了二分法的误区之中，团结与紧张不可能同时存在，但不妨碍它们在不同场景下存在，就像人不可能在同一时刻既穿西装又穿便装，但不妨碍他早上开会时穿西装，下午休闲娱乐时穿便装。

毛泽东在1957年提出："我们的目标，是想造成一个又有集中又有民主，又有纪律又有自由，又有统一意志、又有个人心情舒畅、生动

活泼，那样一种政治局面，以利于社会主义革命和社会主义建设，较易于克服困难，较快地建设我国的现代工业和现代农业，党和国家较为巩固，较为能够经受风险。"这样一种政治局面，从某种意义上说，就是"团结、紧张、严肃、活泼"的另外一种表述。

1960 年 5 月，中共中央同意了解放军总政治部提出的关于推广宣传在延安抗大时所提的有关作风的"三句话"教育方针和"团结、紧张、严肃、活泼"八个字校训的报告。

在新中国成立后展开社会主义建设的历史时期，"团结、紧张、严肃、活泼"也从军营走向各行各业。

（二）面对新形势，团结一致向前看

团结一致是党在革命和建设事业中取得胜利的一大保证。中国共产党成为执政党后，不少同志出现骄傲自满的情绪。针对这一问题，邓小平早在 1954 年七届四中全会上就告诫全党："骄傲自满是团结的大敌。"在党的十一届三中全会前，邓小平强调全党要"解放思想，实事求是，团结一致向前看"。

1986 年 11 月 9 日，邓小平在会见日本首相中曾根康弘时指出："最重要的是人的团结，要团结就要有共同的理想和坚定的信念。我们过去几十年艰苦奋斗，就是靠用坚定的信念把人民团结起来，为人民自己的利益而奋斗。"

江泽民同志在主持工作时也提醒全党："伟大的事业需要伟大的团结。"胡锦涛同志则重中用中国特色社会主义这一理想信念来团结全党全国各族人民共同奋斗，指出："中国特色社会主义伟大旗帜，是当代中国发展进步的旗帜，是全党全国各族人民团结奋斗的旗帜。"

（三）跨入新时代，团结是力量，严肃是规矩

十八大以来，习近平总书记也多次论述党内外团结的重要性。

我们党的团结统一首先是政治上的团结统一。2021 年 12 月 27 日至 28 日，习近平总书记主持中共中央政治局党史学习教育专题民主生活会并发表重要讲话，强调：党的团结统一是党的生命，善于在总结历史中统一思想、统一行动，是我们党的成功经验。党的团结统一首先是政治上的团结统一。党的十八大以来，经过全党共同努力，党的团结统一达到了新的高度。

任何一个政党或团体，只有分工明确，成员之间精诚合作，才能提高整个团体的工作效率。同时，火车跑得快，全靠车头带，对一个团体而言，"一把手"是关键。"一把手"做到谦虚谨慎、不骄不躁并善于分权，做好分工协调工作，注重发挥每个人的最大优势，发挥每个人的聪明才智，是做好各项工作的基础。当然，团队成员间的精诚合作也是必不可少的，作为团队中的一员，能够尊重"一把手"，认真对待自己的工作，摆正自己的位置，与团队其他人员团结协作，才能发挥团队的整体作用。新时代确立习近平同志党中央的核心、全党的核心地位，确立习近平新时代中国特色社会主义思想的指导地位，就是为了能够更好地团结统一全党全国各族人民，共同为实现中华民族伟大复兴、建设中国特色社会主义而奋斗。

团结是战胜一切困难的强大力量，是凝聚人心、成就伟业的重要保证。2016 年 10 月 21 日，习近平总书记在纪念红军长征胜利 80 周年大会上指出："我们要凝聚起全体人民智慧和力量，激发出全社会创造活力和发展动力，让全体中华儿女万众一心、团结奋斗迸发出来的磅礴力量成为实现中华民族伟大复兴的强大动力。"

中国人民是具有伟大团结精神的人民。2018 年 3 月 20 日，习近平总书记在第十三届全国人民代表大会第一次会议上指出："今天，中国取得的令世人瞩目的发展成就，更是全国各族人民同心同德、同心同向努力的结果。中国人民从亲身经历中深刻认识到，团结就是力量，团结才能前进，一个四分五裂的国家不可能发展进步。我相信，只要 13 亿多中国人民始终发扬这种伟大团结精神，我们就一定能够形成勇往直前、无坚不摧的强大力量！"

以社会主义核心价值观为引领，构建各民族团结的精神家园。2019 年 9 月 27 日，习近平总书记在全国民族团结进步表彰大会上指出："各族人民亲如一家，是中华民族伟大复兴必定要实现的根本保证。实现中华民族伟大复兴的中国梦，就要以铸牢中华民族共同体意识为主线，把民族团结进步事业作为基础性事业抓紧抓好。我们要全面贯彻党的民族理论和民族政策，坚持共同团结奋斗、共同繁荣发展，促进各民族像石榴籽一样紧紧拥抱在一起，推动中华民族走向包容性更强、凝聚力更大的命运共同体。"

除了共同的理想和信念，搞好党内外团结，也需要以感情为基础，需要协调和沟通，需要大度和谦虚；但是，团结不等于"一团和气"，更不等于"哥们儿义气"，要把握好一个"度"，即党性原则。坚持党性原则，开展严肃的党内生活是解决党内自身问题的基础工作和重要途径。习近平总书记在新时代更加强调党性原则，强调了严肃的重要性。

2013 年 6 月 28 日，习近平总书记在全国组织工作会议上发表重要讲话，指出：严肃的党内生活，是解决党内自身问题的重要途径。要健全和认真落实民主集中制的各项具体制度，促使全党同志按照民主集中制办事，促使各级领导干部特别是主要领导干部带头执行民主集中制。要严明党的组织纪律和政治纪律，教育引导党员、干部自觉维护中央权威,始终在思想上政治上行动上同党中央保持高度一致,维护党的团结统一。

严肃认真的党内政治生活是中国共产党的优良传统。2015 年 7 月 16 日至 18 日,习近平在吉林调研时强调:要坚持党内政治生活准则,全面贯彻执行民主集中制,时时处处讲原则、按原则办事。抓党风廉政建设,要落到领导干部个人身上,也要落到整个领导班子身上。领导班子主要负责人要增强抓班子、带队伍的意识,带头做到清正廉洁、干净干事。领导班子成员要本着爱护班子、爱护同事的真诚心愿,加强相互监督,努力做到一起干事、共同干净。

(四)团结、紧张、严肃的具体表现与活泼气氛的营造

团结主要体现为:

- 团结如一人,不分彼此,不分主要岗位和次要岗位,高度协作;
- 党员认为组织利益高于个人利益,愿意为组织利益放弃部分个人利益,甚至牺牲个人生命;
- 围绕领导核心,不分派别,精诚合作;
- 所有人能够凝心汇智、善于学习;
- 坚持为共同的使命、愿景和信念持续奋斗。

紧张主要体现为:

- 对工作要制定高标准,并且紧盯高标准,不断挑战和实现高标准;
- 设定严要求,一丝不苟,不放松,不得过且过;
- 寻求榜样,比拼争先,决不落后;
- 惜时如金,只争朝夕,实现高效率。

严肃主要体现为:

- 中国共产党人对"为人民服务"的宗旨与信念的坚守与践行;

- 以辩证思维为指导,秉持科学态度,找出客观规律,尊重客观规律;
- 组织纪律严明,规矩严肃,敬畏规章,不折不扣地执行;
- 倡导严肃的工作作风与认真的工作态度;
- 实事求是,深入群众,反对本本主义、形式主义;
- 加入组织的庄重感与仪式感,对组织目标与完成组织的任务的庄严承诺。

如何让组织气氛生动活泼?可以从以下几个方面着手:

- 毛泽东提倡要讲"生动活泼切实有力"的话,反对"语言无味,像个瘪三"。
- 要开活泼的会,反对开死板呆板的会。毛泽东主张,必须创造一个宽松、自由的环境,允许大家发表不同意见。他说:"请大家评论,提意见,根据大家意见再作修改……这样,就更能充分发扬民主,集中各方面的智慧,对各种不同的看法有所比较,会也开得活泼一些。"
- 党内组织活动,充分发扬民主,畅所欲言,领导带头自我批评。
- 领导干部决策要善于采纳不同意见。毛泽东提出要向刘邦学习"豁达大度,从谏如流"的品质。
- 干部工作作风务实、接地气,工作方法不呆板。如干部说百姓语言,做百姓的农活,与民同劳、同乐,保持与人民交往的活泼。
- 开展灵活多样、生动有趣的组织生活与学习活动。

二、企业怎样营造理想的组织氛围

(一) 团结让组织凝聚在一起,力出一孔,团结就是力量

团结是组织力量的源泉。人心齐,泰山移。团结使组织力出一孔,

利出一孔，使组织中个性不同、各有所长的人凝聚成组织巨大的能量，并形成超强的组织战斗力。

在不确定性越来越大的时代，企业要以内在的确定性来应对外部的不确定性，而企业内在确定性的根本，就是内部的精诚团结，就是上下目标一致，风雨同舟，协同奋进。一些企业组织能力建设面临的首要问题是：领导班子不团结，干部队伍一盘散沙，业务系统山头林立，各自为政，难以协同。各种力量不能统一于共同目标，企业就难以实现从机会成长到组织成长的转型，难以真正做大做强，提升全球竞争力。因此，团结是组织能力建设的第一要素，组织不团结，就成就不了大事业。那么一个组织如何做到高度团结呢？

1. 团结的力量来自共同的使命追求与目标聚焦，做到力出一孔

道不同不相为谋，如果组织成员，尤其是企业高层，目标追求各异，同床异梦，那么就难以形成组织凝聚力。只有建立在共同使命与目标层次上的高度团结，才是持久而牢不可破的团结，而基于单一利益导向的团结都是短暂和不牢固的。任何仅靠利益凝聚的组织都是走不远的。2012 年 12 月 31 日，任正非在谈到华为的组织能力建设时，专门写了一篇文章《力出一孔，利出一孔》。他在这篇文章中指出："水和空气是世界上最温柔的东西，因此人们常常赞美水性、轻风……同样是温柔的东西，火箭可是空气推动的，火箭燃烧后的高速气体，通过一个叫拉法尔喷管的小孔，扩散出来的气流，产生巨大的推力，可以把人类推向宇宙。像美人一样的水，一旦在高压下从一个小孔中喷出来，就可以用于切割钢板。可见力出一孔，其威力……平凡的 15 万人，25 年聚焦在一个目标上持续奋斗，从没有动摇过，就如同是从一个孔喷出来的水，从而产生了今天这么大的成就。"任何一个组织，要让大家有持续的战斗力，就需要聚焦于一个共同的目标，持续奋斗。

2. 团结的力量来自求同存异，开放合作，优势互补，彼此赋能

从团队领导力的角度来看，团结并不等于不尊重个性、不允许有不同意见和看法。团队力量的基础是"挥洒个性、发挥优势、相互赋能、长短互补"。个人的能力和力量都是有局限的，如果企业完全依赖老板一个人的能力，企业的命运系于老板一个人身上，没有团队共担责任，没有群体智慧，那么企业走不远、做不大。

团队力量来自群体智慧，来自团队成员个性、能力互补，形成互补性团队。没有完美的个人，只有完美互补的团队。

3. 团结的力量来自组织成员的信任沟通与奉献回报

组织简单、组织成员相互信任、内部交易成本低，不但不会产生组织内耗，还会自动协同产生组织力量。组织成员相互信任可以减少猜忌与怀疑，做到彼此精诚合作与协同。组织内部的冲突与矛盾，大部分来自误解，而误解的产生在于沟通不畅。因此，组织内部及时有效沟通，可以减少误解。同时，没有组织成员的彼此奉献，没有团队"一把手"的高尚品格与牺牲精神，组织核心成员之间的长期合作关系是难以建立的。当老板个人太自私，舍不得让利时，是没有能人愿意长期团结在老板周围的。当一个人不再为组织做贡献时，他将成为组织多余的人，不再是组织团结的力量，组织需要通过淘汰机制，把这些懒惰的人、不能做出贡献的人淘汰出去。

组织内部的团结来自彼此奉献，相互提供价值。每个人都要为组织做出贡献，只有为组织做出贡献，才可以获得组织成员的认可与回报，这是组织成员彼此长期合作的基础。正如华为提出来的，向雷锋学习，但绝不让"雷锋"吃亏。如果奉献者总吃亏，就没有人主动为组织做出贡献，就没有组织的共创共享。

（二）紧张让组织永不懈怠，紧张就是战斗力

任正非在 2019 年 5 月 20 日接受德国电视台采访时谈道："他们（美国政客）拿着'鞭子'抽着华为，提醒我们要努力奋斗，我们只要不努力奋斗，就会把我们打垮。这点对我们也是有好处的，没有外部的压力，内部就缺少动力。"在美国政府的打压下，华为人比以往更加众志成城，团结一致，共同奋斗。没有危机感，就是企业最大的危机；没有让员工感受到市场与绩效压力，就是企业最大的生存压力。

对于一个创业成功的企业而言，最怕的就是组织懈怠、懒散，不再有创业时的生存紧张感和持续奋斗的激情。

1. 紧张来自企业的生存危机意识

有生存危机意识的企业，让每个人能感受到来自企业生存和市场竞争的压力，产生紧张感。紧张让企业能敏锐感知外部环境的变化，能警觉外部环境急剧变化对企业的威胁。企业需要不断传递危机意识，让组织成员永远处于警觉状态、战斗状态。

2. 紧张来自有挑战性的绩效目标、饱和的工作任务

目标高远能催生组织成员的激情。绩效目标要极具挑战性，使组织成员必须竭尽全力，使劲跳才能够得着目标。组织成员工作任务饱和，薪酬具有同业竞争力，成员就会紧张而干劲十足。

3. 紧张来自内部竞争淘汰机制

身处市场竞争中的企业要建立内部竞争淘汰机制保持内部的紧张：能力达不到要求，不能上岗；业绩达不到标准，要下岗；没能力、没业绩随时被替代，随时可能丢位子，被淘汰出局。

4. 紧张来自组织内部比学赶帮超

树优秀典型、立先进标杆，让落后者紧张，以优秀分子倒逼和牵引

团队成员共同奋斗。

5. 紧张来自高标准、严要求

高标准、严要求体现为说到做到、严格的问责机制；体现为违反制度的高成本付出；也体现为使命驱动，自我加压。

（三）严肃让组织力量有序释放，严肃产生组织理性

没有组织理性，就不会有组织的高效率。严肃是企业制度建设与规范化管理的保障，是建立组织理性的基础。不严肃，企业家容易失去理性而犯大错误，组织容易失去理性而翻车；不严肃，组织难以建立秩序与规则，组织能力形不成，企业也做不大。组织的严肃性体现为组织成员对信念的坚守，对价值观的践行，对规律和常识的尊重与敬畏，对组织目标与绩效作出的庄严承诺，对团队的共识与规则的遵守，对流程、制度权威的尊重。

1. 严肃就是要有敬畏之心

敬畏之心是构建组织理性的根基。人无敬畏之心就会失去自我约束而自我放纵，就会失去底线而为所欲为。人有敬畏之心就会自我约束、自我控制，让欲望能有序释放而不失控。它表现为对组织价值观的信守与践行，对客户价值、员工发展、股东回报的庄重承诺，对自然规律与常识的敬畏，对法律要求守法经营的敬畏，对市场法则的敬畏，对遵守组织制度与规则的敬畏，对履行岗位职责的敬畏。

2. 严肃就是组织纪律严明，规矩严肃

纪律是为维护集体利益并保证组织内部有序运行而必须遵守的规章、条文和行为规范。俄国大军事家苏沃洛夫曾言"纪律是胜利之母"，没有铁的纪律就没有"铁军"。

在中国共产党的历史上，曾有两个具有不同针对性的"三大纪律八项注意"。其中一个是针对人民军队建设的，始自毛泽东同志在井冈山创建红军，后成为中国人民解放军的优良传统和行为准则。1947年10月10日，毛泽东起草了《中国人民解放军总部关于重行颁布三大纪律八项注意的训令》。从此，内容统一的"三大纪律八项注意"就以命令的形式固定下来，成为全军的统一纪律。另一个是针对党政干部队伍建设的，即1961年1月27日中共中央下发的《党政干部三大纪律八项注意（草案第二次修正稿）》。这两个"三大纪律八项注意"成为贯彻中国共产党的路线、方针、政策和完成各项任务的重要保证，是党和军队战斗力的基础，也是中国共产党百年不衰的根基。华为向中国共产党学习，为了严肃干部队伍建设，规范干部行为，专门制定颁布了《华为公司改进工作作风的八条要求》，要求所有干部宣誓并严格执行。

3. 严肃就是严谨的工作作风与认真的工作态度

严肃就是专注、认真、负责地做好每一件事，就是精益求精的工匠精神。严肃来自匠心，来自认认真真地对待每一件事，认认真真地将每一个工作细节做到位。

4. 严肃就是实事求是，尊重数据和事实，不搞形式主义

只有严肃起来，认真对待一切，才能实事求是，尊重数据和事实，而不是搞形式主义、花架子、面子工程。正如《华为公司改进工作作风的八条要求》所提出的："我绝不说假话，不捂盖子，不评价不了解的情况，不传播不实之词，有意见直接与当事人沟通或报告上级，更不能侵犯他人隐私……我们认真阅读文件、理解指令。主管的责任是胜利，不是简单的服从……"

5. 严肃就是组织的庄重感与仪式感

庄重感与仪式感，可以使员工产生独特的组织心理体验，把本来单调普通的事变得与众不同，让员工对此怀有敬畏之心，让员工与组织相拥，找到每个人的组织归属感和安全感。有使命感和责任感的组织都注重仪式感，从而让加入组织、承担组织任务的成员有神圣感和庄重感。华为和阿里巴巴都是注重仪式感的企业，只是华为的仪式更庄重和严肃，而阿里巴巴的仪式更具娱乐性和全员参与性。在某种意义上，仪式也是一种生产力，也是组织激情与理性力量产生的源泉之一。

6. 严肃就是制度面前人人平等，任何个人不能超越组织与制度

制度一旦制定出来，就要严格执行，尤其是企业老板和高层要率先成为制度的遵守者，一定不能变成制度的破坏者。华为任正非的伟大在于他不仅是华为制度与规则的缔造者，更是华为制度与规则的坚定践行者。对于企业家而言，制定制度与规则容易，但从自我做起，坚定不移地执行，很难。

（四）活泼让组织充满激情和活力，活泼就是创造力

1. 活泼就是要激情率真，不呆板、不僵化

激情首先来自人的信念。信念可以激发人的内在潜能，产生"核裂变"，是抵御职业倦怠，让工作激情永不衰竭的动力源。信念产生激情，当一个人为信念而战时，就可以自我驱动，不顾一切，甘于奉献，勇于担当。员工开朗率真、自然简单，可以降低组织内部的沟通成本和交易成本，使整个组织充满阳光和勃勃生机。

2. 活泼就是要尊重个性，释放人的天性，激发人的内在潜能

要让组织具有活力和创造力，就要尊重人的个性，让人有兴趣、有专长地去工作。人是目的，不是工具。如果组织将人当工具，抹杀人的

个性，让人依附于物，组织是不可能真正具有活力和创造力的。

3. 活泼就是要信任并能授权于人，让人有相对自由创新、创造的空间

要让员工有尊严、有价值地工作。员工在彼此不信任、高度管控的工作环境中是难以创新、创造的。

4. 活泼就是要不断打破组织内部平衡，适度拉开差距，防止组织过度熵增

华为 2018 年颁布的《华为公司人力资源管理纲要 2.0》提出，华为人力资源管理的基本出发点是用熵减与开放持续激发个体的价值创造活力。它承认劳动者是价值创造的主体，通过以奋斗者为本、激励员工持续艰苦奋斗的人才机制，不断反惰怠、反僵化、反不思进取，持续去激发个体的价值创造活力。

5. 活泼就是要开放包容，用人不求全责备，要有灰度

只有开放包容，才能海纳百川，聚天下英才为我所用；只有构建开放包容的组织文化，空降人才与地面人才才能融合。中国企业要实现创新与人才驱动，必须重用高素质顶尖人才，如企业家人才、顶尖的创新人才。这些人才往往优点突出，缺点明显，对这类人才就要有灰度，包容其个性和不足。用人不能求全责备，正如任正非提出的"有洁癖的人不能当领导"，因为他们虽然有情怀，但不懂江湖，更不通人性，搞不定人才，带不了队伍。

工作作风决定了一个组织的行为态度和精神风貌，毛泽东创造性地提出的看似矛盾实则辩证统一的八个大字，指引着中国共产党一直保持着活力、战斗力和创造力，并不断前进。任何组织只要能像中国共产党一样做到团结、紧张、严肃、活泼，就一定能赢，能所向披靡。

实事求是地走独立自主之路

中国共产党之所以能开创中国特色的武装夺取政权的新民主主义革命道路、中国特色社会主义改造和中国特色社会主义建设道路，之所以打不倒并能够从敌人的围追堵截中冲破重围，笔者认为有两点非常重要：一是实事求是，理论联系实际，反对本本主义；二是始终坚持独立自主，自力更生，努力实现政治上、军事上、经济上独立自主，把命运牢牢掌握在自己手中。

一、实事求是是马克思主义的精髓

习近平总书记明确指出："实事求是是马克思主义的精髓，是我们共产党人的重要思想方法。"所谓"精髓"就是精华与核心，也就是说马克思主义的精华与核心是"实事求是"。

马克思主义的哲学基础之一是辩证唯物主义，它主张物质决定意识，意识只是人头脑中对物质的反映。马克思、恩格斯在《德意志意识形态》中指出："意识［das Bewußtsein］在任何时候都只能是被意识到了的存在［das bewußte Sein］，而人们的存在就是他们的现实生活过程。如果在全部意识形态中，人们和他们的关系就像在照相机中一样是倒立成像的，那么这种现象也是从人们生活的历史过程中产生的，正如物体在视网膜上的倒影是直接从人们生活的生理过程中产生的一样。"要让倒影符合真实的物体形态和生产过程，就要求人们不能感情用事，也不能意气用事，一切要从实际出发，才能看到事实和真相，并以此为基础做出科学、合理的决策。

一切从实际出发，意味着人的主观认识需要无限接近客观实际。但是人的认识有其主观性、局限性，难以实现无限接近客观实际，有时甚至会出现主观认识与客观实际相背离的情况。

正是由于主观性和局限性的存在，中国共产党曾经——尤其是早期——未能坚持一切从实际出发，犯过教条主义和经验主义的错误，给中国革命带来巨大损失。教条主义是照搬马克思列宁主义著作，脱离具体的实际情况；经验主义是把局部经验误认为普遍真理，不学习，不创新。教条主义以王明的"左"倾机会主义为典型。经验主义以瞿秋白的"城市中心论"为代表。

（一）不做调查没有发言权，不做正确的调查同样没有发言权

恩格斯曾指出："马克思的整个世界观不是教义，而是方法。它提供的不是现成的教条，而是进一步研究的出发点和供这种研究使用的方法。"把马克思列宁主义当成方法，根据变化着的实际做出应对之策，就会带来成功，但是不结合中国的实际，生搬硬套就会带来灾祸。

与教条主义和经验主义相对，我们也可以看到以毛泽东为代表的大部分中国共产党领导人，能自觉地把马克思主义同中国的实际情况和具体实践相结合，实事求是地分析中国革命的重大问题，并据此做出正确决策，从而把中国革命一步一步引向胜利。

毛泽东同志一直注重调研，他深入社会实践，了解社会生活，与不同的人打交道，掌握了大量的第一手资料，为切实践行理论联系实际、实事求是打下了基础。

1925 年，毛泽东因病回韶山休养。当时党内有两种倾向：一种是以陈独秀为代表，只注意同国民党合作，忘记了农民的右倾机会主义。一种是以张国焘为代表，只注意工人运动，同样忘记了农民的"左"倾机会主义。这两种机会主义都感觉自己力量不足，却不知道到何处去寻找力量，到何处去争取广大的同盟军。

为了回答以上问题，休养期间的毛泽东广泛接触群众、了解农村，掌握农民的实际情况，并创办了 20 来所农民夜校。他在夜校教农民识字、学珠算，并向农民进行三民主义和马克思主义的启蒙教育。毛泽东同志通过这些工作启发农民的阶级觉悟，并感受到农民所蕴含的巨大的革命力量。他通过认真调研写成了《中国社会各阶级的分析》一文，文章最后说：

> 综上所述，可知一切勾结帝国主义的军阀、官僚、买办阶级、大地主阶级以及附属于他们的一部分反动知识界，是我们的敌人。工业无产阶级是我们革命的领导力量。一切半无产阶级、小资产阶级，是我们最接近的朋友。那动摇不定的中产阶级，其右翼可能是我们的敌人，其左翼可能是我们的朋友——但我们要时常提防他们，不要让他们扰乱了我们的阵线。

这篇基于调查实践的文章，解决了"谁是我们的敌人？谁是我们的朋友？"这个革命的首要问题，为后来党制定合适的政策奠定了基础。

秋收起义后，中国革命从高潮转入低谷，白色恐怖笼罩全国。面对国民党军队的进攻，工农红军寡不敌众，败多胜少，共产党党内思想混乱，一部分人对革命的前途丧失信心，悲观思想重新抬头，有些人甚至提出了"红旗到底打得多久"的疑问。如何看待革命形势？革命的力量在哪里？革命还有没有复兴的希望？革命应当向何处去？中国革命的正确道路是什么？所有这些关系中国革命命运和前途的大问题，都摆在革命者的面前，需要他们做出科学的分析，从实践中做出正确的抉择。毛泽东经过客观冷静的分析，总结一年来湘赣边界斗争经验，写出《政治问题和边界党的任务》（被收入《毛泽东选集》时，毛泽东作了修改，并改名为《中国的红色政权为什么能够存在？》)。

在这篇文章中，毛泽东指出："一国之内，在四围白色政权的包围中，有一小块或若干小块红色政权的区域长期地存在，这是世界各国从来没有的事。"

"世界各国从来没有的事"意味着既不能照搬巴黎公社的做法，也不能照搬苏联现成经验。在中国革命的关键时刻，毛泽东分析了中国的特殊历史条件和具体国情，总结了井冈山革命根据地的斗争经验，创造性地解决了中国革命的根本问题，即政权问题，提出了在小块农村地区和偏僻山村建立红色政权的理论，系统地阐述了这一政权的性质、使命和前途，并做出"星星之火，可以燎原"的精准预见。可以说这是深刻的哲学世界观和丰富的实践经验的结合。

1930 年，毛泽东在《反对本本主义》一文中就提出"没有调查，没有发言权"。

1931 年 4 月，毛泽东在《总政治部关于调查人口和土地状况的通知》中对"没有调查，没有发言权"的论断作了补充和发展，提出："我们的口号是：一，不做调查没有发言权。二，不做正确的调查同样没有发言权。"

正是基于调查，毛泽东说：

> 我们历史上的马克思主义有很多种，有香的马克思主义，有臭的马克思主义，有活的马克思主义，有死的马克思主义，把这些马克思主义堆在一起就多得很。我们所要的是香的马克思主义，不是臭的马克思主义；是活的马克思主义，不是死的马克思主义。

所谓"香的""活的"马克思主义，就是理论与实际相联系，实事求是，有的放矢，使马克思主义与各国具体实践相结合；所谓"臭的""死的"马克思主义，就是理论脱离实际，不顾历史条件和现实情况的变化、僵化、教条地对待马克思主义经典作家在特定历史条件下，针对具体情况提出的某些个别判断和制定的具体纲领。

1938 年，在中共六届六中全会上作的《论新阶段》的政治报告中，毛泽东第一次使用了"实事求是"的概念，并提出了要"使马克思主义在中国具体化"的命题。他强调，"共产党员应是实事求是的模范""因为只有实事求是，才能完成确定的任务"。他进一步指出："马克思主义必须和我国的具体特点相结合并通过一定的民族形式才能实现。马克思列宁主义的伟大力量，就在于它是和各个国家具体的革命实践相联系的。对于中国共产党说来，就是要学会把马克思列宁主义的理论应用于中国的具体的环境。成为伟大中华民族的一部分而和这个民族血肉相联的共产党员，离开中国特点来谈马克思主义，只是抽象的空洞的马克思主义。因此，使马克思主义在中国具体化，使之在其每一表现中带着必须有的中国的特性，即是说，按照中国的特点去应用它，成为全党亟待了解并亟须解决的问题。"

1941 年 5 月，毛泽东在《改造我们的学习》一文中对"实事求是"这个概念作了深刻的阐释，指出："'实事'就是客观存在着的一切事物，'是'就是客观事物的内部联系，即规律性，'求'就是我们去研究。"

1942 年，毛泽东在延安文艺座谈会上的讲话中指出："我们讨论问题，应当从实际出发，不是从定义出发。如果我们按照教科书，找到什么是文学、什么是艺术的定义，然后按照它们来规定今天文艺运动的方针，来评判今天所发生的各种见解和争论，这种方法是不正确的。我们是马克思主义者，马克思主义叫我们看问题不要从抽象的定义出发，而要从客观存在的事实出发，从分析这些事实中找出方针、政策、办法来。"

1945 年 4 月至 6 月，党的七大召开，"实事求是"被确立为党的思想路线，正式写入党章。党的七大以后，"实事求是"的思想路线在中国革命和建设的实践中得到继续丰富与发展。

毛泽东在《论联合政府》中，总结了理论和实践相结合、和人民群众紧密地联系在一起、自我批评三大作风，提出了完整的新民主主义革命纲领。在这一思想的指导下，解放战争期间，中国共产党掌握自己的命运，将革命进行到底，打败了国民党，建立了新中国。

新中国成立后，面对新形势，毛泽东说：我们已经进入社会主义时代，出现了一系列新的问题，如果只有几篇原有的哲学著作，不适应新的需要，写出新的著作，形成新的理论，那是不行的。实践、生活的观点是认识论的首要的和基本的观点。实践、生活之树是长青的。

(二) 实事求是是党的思想路线

实事求是是中国共产党从革命和建设事业中总结出来的宝贵思想路线。这一思想路线什么时候坚持得好、发展得好，党和国家的革命和建设事业就会蓬勃发展；什么时候偏离这一思想路线，党和国家的革命和建设事业就会遭遇挫折。

1978 年，邓小平同志领导了全国关于真理标准问题的大讨论。5 月 11 日，《光明日报》发表特约评论员文章《实践是检验真理的唯一标准》，指出检验真理的标准只能是实践，理论与实践的统一是马克思主义的一个最基本的原则，任何理论都要不断接受实践的检验。这从根本理论上否定了"两个凡是"，为重新恢复和发展党的马克思主义的思想路线创造了条件。从此，中国进入新征程。

在同年 12 月 13 日召开的中央工作会议闭幕会上，邓小平同志发表了《解放思想，实事求是，团结一致向前看》的讲话，重申："一个党，一个国家，一个民族，如果一切从本本出发，思想僵化，迷信盛行，那它就不能前进，它的生机就停止了，就要亡党亡国。"这一讲话实际上成为党随后召开的十一届三中全会的主题报告。此后，党果断地将党和国家的工作重点转移到社会主义现代化建设上来。

关于党的思想路线重新确定的时间、历史沿革关系及全面表述，邓小平同志在 1980 年召开的十一届五中全会上有这样一段著名的概述："（党的十一届）三中全会确立了，准确地说是重申了党的马克思主义的思想路线。马克思、恩格斯创立了辩证唯物主义和历史唯物主义的思想路线，毛泽东同志用中国语言概括为'实事求是'四个大字。实事求是，一切从实际出发，理论联系实际，坚持实践是检验真理的标准，这就是我们党的思想路线。我们说重申，就是说把这条马克思主义的思想路线恢复起来……党的这条思想路线是毛泽东同志确立的，他在领导革命的大部分时间内是坚持这条思想路线的。"1980 年 12 月，陈云在中央工作会议上提出"摸着石头过河"的论断，它其实就是马克思主义中国化的一种通俗形象的说法。"石头"就是指中国的实际情况，"摸"就是在实践中去探索研究，"过河"就是实现社会主义现代化建设的目标。

十一届三中全会对中国有着非同寻常的意义，推动了中国从"文化大革命"的泥潭中走出来。正如习近平总书记所指出的：

> 党的十一届三中全会以后，以邓小平同志为主要代表的中国共产党人，团结带领全党全国各族人民，深刻总结我国社会主义建设正反两方面经验，借鉴世界社会主义历史经验，创立了邓小平理论，作出把党和国家工作中心转移到经济建设上来、实行改革开放的历史性决策，深刻揭示社会主义本质，确立社会主义初级阶段基本路线，明

确提出走自己的路、建设中国特色社会主义，科学回答了建设中国特色社会主义的一系列基本问题，制定了到21世纪中叶分三步走、基本实现社会主义现代化的发展战略，成功开创了中国特色社会主义。

1997年，江泽民同志从思想路线的高度提出了"一个中心、三个着眼于"的要求。他指出："一定要以我国改革开放和现代化建设的实际问题、以我们正在做的事情为中心，着眼于马克思主义理论的运用，着眼于对实际问题的理论思考，着眼于新的实践和新的发展。离开本国实际和时代发展来谈马克思主义，没有意义。静止地孤立地研究马克思主义，把马克思主义同它在现实生活中的生动发展割裂开来、对立起来，没有出路。"

党的思想路线在一代一代中国共产党人将马克思主义基本原理同中国具体实际相结合的探索中得以发展、丰富和完善。党的二十大通过的新的党章强调，党的建设必须"坚持解放思想，实事求是，与时俱进，求真务实。党的思想路线是一切从实际出发，理论联系实际，实事求是，在实践中检验真理和发展真理"。

习近平新时代中国特色社会主义思想是中国特色社会主义理论体系的重要组成部分，是马克思主义中国化过程中新的飞跃，是在坚持马克思主义思想路线下取得的马克思主义中国化的最新成果，体现的是马克思主义的方法论在中国的具体运用。

（三）实事求是思想路线是完成新时代新任务的根本思想武器

十八大以来，习近平多次强调了解放思想、实事求是的重要性。

解放思想、实事求是、与时俱进，是马克思主义活的灵魂。在2013年1月5日新进中央委员会的委员、候补委员学习贯彻党的十八大精神研讨班上的讲话中，习近平总书记指出："解放思想、实事求是、与时俱进，是马克思主义活的灵魂，是我们适应新形势、认识新事物、完成新任务的根本思想武器。"

坚持实事求是就是坚持真理、修正错误。2013 年 12 月 26 日，习近平总书记在纪念毛泽东同志诞辰 120 周年座谈会上的讲话中指出："坚持实事求是，就要坚持为了人民利益坚持真理、修正错误。要有光明磊落、无私无畏、以事实为依据、敢于说出事实真相的勇气和正气，及时发现和纠正思想认识上的偏差、决策中的失误、工作中的缺点，及时发现和解决存在的各种矛盾和问题，使我们的思想和行动更加符合客观规律、符合时代要求、符合人民愿望。"

坚持解放思想和实事求是相统一，推进理论创新。2018 年 4 月 13 日，习近平总书记在庆祝海南建省办经济特区 30 周年大会上的讲话中指出："解放思想的目的在于更好实事求是。要坚持解放思想和实事求是的有机统一，一切从国情出发、从实际出发，既总结国内成功做法又借鉴国外有益经验，既大胆探索又脚踏实地，敢闯敢干，大胆实践，多出可复制可推广的经验，带动全国改革步伐。"

坚持实事求是是工作成功的关键。2015 年 6 月 12 日，习近平总书记在纪念陈云同志诞辰 110 周年座谈会上的讲话中强调：实践反复证明，能不能做到实事求是，是党和国家各项工作成败的关键。全党同志一定要把实事求是贯穿到各项工作中去，经常、广泛、深入开展调查研究，努力把真实情况掌握得更多一些、把客观规律认识得更透一些，为协调推进"四个全面"战略布局打下扎实的工作基础。

可以说中国共产党人在一百多年的奋斗中，正是尊重一切实际，不受本本主义的束缚，不断克服各种错误思想，才使党组织能纠正各种错误，得到极大发展。

实事求是的思想路线也在推动马克思主义中国化理论和实践发展过

程中，成为马克思主义中国化理论成果的精髓和灵魂，成为中国特色社会主义伟大事业成功的真经和密码，成为实现中华民族伟大复兴的火炬和灯塔。

历史是最好的老师，实践是检验真理的唯一标准。一百多年来党的历史与实践已反复证明：能否坚持实事求是对党和国家各项事业至关重要，甚至决定着我们各项事业的兴衰成败。总的来说，只要我们做到坚定不移地坚持实事求是，就能准确把握现实实际和客观规律，从而制定出正确的方针政策，不断取得理论上的飞跃与实践上的成功；反之，如若背离了实事求是，则必然会遭受挫折。

（四）中国共产党如何做到实事求是

1. 扎根群众，多调查，多研究

实事求是的前提是掌握实情，因为"实事"就是客观存在着的一切事物，如果不了解客观事物就不可能做到实事求是。不过客观事物并不总是一个具体、实在的物体，很多时候，它隐藏在纷繁复杂的现象背后，难以被直接看透。这时就需要进行实地调查、研究，进行总结、分析。比如中国革命的敌人是谁？朋友是谁？对于这样的问题，不可能坐在书房闭门造车就得出结论，而是需要俯身交流、沟通，明了不同群体、阶层各自的诉求，才能做出真实有效的判断。不管是经验主义还是教条主义，其本质都是主观主义，它们不从事情的本来面目出发，而是凭着既有的认知处理问题，这是不足取的。坚持实事求是，就要坚持按客观规律办事，反对主观主义。毛泽东同志指出："这种反科学的反马克思列宁主义的主观主义的方法，是共产党的大敌，是工人阶级的大敌，是人民的大敌，是民族的大敌，是党性不纯的一种表现。"只有扎根于群众，弯下腰，敢当小学生，敞开心扉，怀有好奇心，才能做到实

事求是。

2. 多进行理论学习

实事求是的"是",指的是纷繁复杂现象背后的本质和规律。如果说现象就是纷繁复杂的,那现象背后的本质和规律就更可能是隐匿在层层的迷雾之下。要透过现象看清本质,除了要厘清现象之外,还需要有理论做支撑。如果没有理论做指导,就不可能发现和探究出事情的本质和规律。

3. 态度务实,反对形式主义

实事求是需要务实的工作态度。所谓务实是讨论研究具体问题,从事具体工作,追求实际效果,切忌夸张虚浮。王阳明在《传习录》中指出,"名与实对,务实之心重一分,则务名之心轻一分",也就是说务实就是注重现实、崇尚实干。实事求是需要坚持问题导向,多注重实际内容,少在意一些形式,实实在在做事,踏踏实实做人。习近平总书记指出:"形式主义实质是主观主义、功利主义,根源是政绩观错位、责任心缺失,用轰轰烈烈的形式代替了扎扎实实的落实,用光鲜亮丽的外表掩盖了矛盾和问题。"所有的成就最终都是踏踏实实干出来的,再好的创意和决策也需要注重抓落实。没有务实精神,再伟大的目标和任务也实现不了。

4. 坚持自我革命,反对官僚主义

官僚主义最大的危害便是脱离群众。密切联系群众是中国共产党最大的政治优势,但仍有一些党员、干部,眼睛只向上看,不向下看,远离群众,脱离群众,对群众疾苦视若无睹,对群众利益麻木不仁,严重影响了党群、干群关系的和谐,其根源就是官僚主义作风在作怪。我们要充分认识到官僚主义作风的危害,持之以恒正风肃纪,坚决反对一切官僚主义。各级党组织要坚持以上率下,从自身做起,勇于自我革命,自觉摒弃官僚主义的陈规陋习和错误思想，对那些敢于触碰纪律"红线"，特别是顶风违反政治纪律、政治规矩的党员、干部严肃问责，使全体党员知敬畏、存戒惧、守底线，使党不断自我净化、自我完善、自我革新、自我提高，保持党的先进性和纯洁性。习近平同志强调："敢不敢坚持实事求是，考验着我们的政治立场，考验着我们的道德品质，始终是领导干部党性纯不纯、强不强的一个重要体现。"

5. 坚持理论联系实际，反对教条主义

教条主义又称"本本主义"，其最大危害就是理论与实践脱离。唯物辩证法告诉我们，必须用发展的眼光看问题，做到"一把钥匙开一把锁"，因地制宜、对症下药，不能简单地奉行教条主义，照抄照搬，更不能简单化、一刀切地分析问题和解决问题。在具体工作中，采取什么样的方法和策略，不能唯书唯上，而是需要根据唯物辩证法，坚持理论联系实际，具体问题具体分析，审时度势，因时而异，因势利导，因地制宜。也就是说，我们在认识事物的时候要始终坚持具体问题具体分析的基本原则，把分析问题和解决问题的整个过程都放到具体事物的具体条件中去考察，避免教条主义的"刻舟求剑"式的思维方式。

二、独立自主、自力更生是党的立足点

除了实事求是的思想路线之外，独立自主、自力更生对于中国共产党的发展壮大十分重要，是中国共产党的立足点。独立自主与实事求是和群众路线，共同构成了毛泽东思想活的灵魂。回顾党的历史，不难发现中国革命生死攸关的转折点是中国共产党真正懂得独立自主。

中国共产党早期，不管是组织成立还是第一次国共合作的完成，都受到了共产国际的指导、帮助和扶持，可以说共产国际的指导、帮助和扶持在中国共产党成立的早期非常重要，加快了中国革命的进程。但是

早期的中国共产党力量弱小，难以独立自主，而共产国际因为对中国的具体实际掌握得不够，其脱离中国革命实际的指导也给中国革命带来巨大损失。

（一）我们主张自力更生，希望有外援，但不依赖它

1935 年 1 月召开的遵义会议，是中国共产党历史上一次具有伟大转折意义的重要会议。中国共产党在没有共产国际干预的情况下，确立了毛泽东在党中央和红军的领导地位，开启了中国共产党独立自主解决中国革命问题的新阶段。

抗日战争爆发后，中国逐步形成了抗日民族统一战线，中国共产党又提出了坚持党在抗日民族统一战线中独立自主的原则。当时中国共产党面临共产国际和斯大林要求中国共产党放弃自主领导，一切领导权归统一战线的压力。以毛泽东为代表的中国共产党人，从理论和实践两个层面，抵制以斯大林和王明为代表的错误路线，坚持独立自主的抗日路线，并最终取得了胜利。

抗战时期，党领导边区军民开展大生产运动，培育出了以"自力更生、艰苦奋斗"为核心的南泥湾精神，在艰苦的环境下，依靠自身力量，坚持中国人自己的事情中国人自己干，求生存、谋发展，"敌人来了，拿起机枪战斗，敌人没来，拿起镢头种地"，排除万难，顽强拼搏。

党带领军民，从实际出发，变不利条件为有利条件，利用人力充足的优势和战时闲暇，开荒种田、纺线织布、栽树种菜，保障基本生活供给，成功解决了生存问题。毛泽东亲自开垦荒地、周恩来参加纺线竞赛、朱德利用工作之余栽树种菜……老一辈革命家身体力行，为全党和全体军民树立了独立自主、自力更生、艰苦奋斗的榜样。驻扎在南泥湾地区的三五九旅是大生产运动中的典范，经过两年多的努力，到

1943年，三五九旅开荒耕种10万亩土地，粮食自给率达到了100%；到1944年，三五九旅开垦的荒地总计26.1万亩，收获粮食3.7万石，养猪5 624头。

中国共产党人用自己的双手和汗水，将荒无人烟的南泥湾变成了"平川稻谷香，肥鸭遍池塘。到处是庄稼，遍地是牛羊"的"陕北好江南"。

"如今的南泥湾，与往年不一般，不一呀般，如今的南泥湾，与往年不一般，再不是旧模样，是陕北的好江南。"如今，《南泥湾》这首歌依然会被人们传唱，它是中国共产党人与自然条件艰苦斗争的结果，也是中国共产党人自力更生的见证。

在这一过程中，中国共产党人培养了一支不怕苦、不怕累、能战斗的坚强的革命队伍，磨炼了革命意志。自力更生、艰苦奋斗的精神也成为中国革命文化宝库中的宝贵财富。1945年1月，毛泽东同志指出："我们是主张自力更生的。我们希望有外援，但是我们不能依赖它，我们依靠自己的努力，依靠全体军民的创造力。"

解放战争期间，中国共产党掌握自己的命运，将革命进行到底，领导人民军队打败了国民党军队，建立新中国。新中国成立后，虽然接受了苏联的一些经济和技术援助，但始终坚持独立自主搞建设。

（二）独立自主地走中国式现代化道路

在社会主义建设初期，党也曾出现重大失误，主要表现在"一大二公"的人民公社化运动、全民炼钢的"大跃进"运动、脱离经济建设主线的"文化大革命"。它们都背离了实事求是的精神，使党和国家的社会主义建设事业遭受挫折。

邓小平同志在吸取了我国社会主义建设前期探索中所犯错误教训的

基础上，深入思考中国怎样走自己的社会主义建设道路，起初提出"走出一条中国式的现代化道路"，接着得出"走自己的道路，建设有中国特色的社会主义"的基本结论，进而强调"走自己的路，建设有中国特色的社会主义，中国才有希望"。他确立了三步走的发展目标：第一步，基本解决温饱问题；第二步，到 20 世纪末进入小康社会；第三步，到 21 世纪中叶达到中等发达国家的水平，基本实现社会主义现代化。他所勾画的中国现代化蓝图，经过中国共产党和中国人民的不懈努力，正在一步一步化为现实，为后世如何正确地走自己的路提供了光辉典范。

世纪之交，中美关系遭受冲击。面对复杂的国际形势，江泽民同志强调，独立自主是中国的基本价值观，指出"中华民族历来坚持独立自主。中国人民珍惜自己经过长期奋斗而得来的独立自主权利，也坚决维护一切民族享有这种权利。我们主张各国都有选择适合本国国情的社会制度和发展道路的权利，不同社会制度的国家应该相互尊重主权和领土完整，平等相待，和平共处，反对任何国家以任何形式把自己的社会制度和意识形态强加于别国的做法"。

迈入 21 世纪，中国共产党进一步将参与经济全球化与坚持独立自主相结合。进入全面建设小康社会时期后，胡锦涛同志根据新形势，提出要"始终坚持独立自主探索中国社会主义建设的道路，善于根据国情进行自主创新、又积极借鉴国外有益经验，不断开拓和发展中国特色社会主义道路"。

（三）走自己的路是党百年奋斗的历史结论

党的十八大以来，在带领中国人民夺取中国特色社会主义伟大胜利的新时代，习近平总书记进一步阐述了独立自主的内涵。

独立自主是从中国实际出发，走自己的路；同时，在独立自主的基础上，兼容并蓄。2021 年 7 月 1 日，习近平总书记在庆祝中国共产党成立 100 周年大会上的讲话中指出："走自己的路，是党的全部理论和实践立足点，更是党百年奋斗得出的历史结论。中国特色社会主义是党和人民历经千辛万苦、付出巨大代价取得的根本成就，是实现中华民族伟大复兴的正确道路。"

2021 年 11 月 11 日，中共十九届六中全会审议通过的《中共中央关于党的百年奋斗重大成就和历史经验的决议》指出："独立自主是中华民族精神之魂，是我们立党立国的重要原则。"走自己的路，是党百年奋斗得出的历史结论。新征程上，只有坚持独立自主，党和人民的事业才能有底气、有力量、有保障，才能够行稳致远。

独立自主、自力更生并非闭关锁国，而是强调在独立自主的基础上，兼容并蓄。它与对外开放是相统一的。习近平总书记强调：对丰富多彩的世界，我们应该秉持兼容并蓄的态度，虚心学习他人的好东西，在独立自主的立场上把他人的好东西加以消化吸收，化成我们自己的好东西，但决不能囫囵吞枣、决不能邯郸学步。

今天，中美竞争态势加剧，以美国为代表的西方国家试图联合起来打压中国。应如何在困境中突围？

习近平总书记强调："面对世界百年未有之大变局，面对国内外发展环境发生的深刻复杂变化，我们要走一条更高水平的自力更生之路，实施更高水平的改革开放，加快构建以国内大循环为主体、国内国际双循环相互促进的新发展格局。"

经过百年考验，中国共产党人更加清醒地认识到：中国未来依然要坚定不移地走属于自己的路。历史已经证明：独立自主是中国共产党成功且百年不衰的一条基本经验，它贯穿于中国共产党百年发展的始终，是立党立国之本。

三、中国共产党的实事求是、独立自主、自力更生为企业的组织能力建设提供了丰富的启示

（一）做企业要不尚虚、不逐名、不搞形式主义，要低调务实，实事求是

以华为公司为例。华为公司发展到今天，能在世界企业之林占据一席之地，在很大程度上就是尊重常识、实事求是的胜利。

在达沃斯论坛上曾有记者问任正非，大家最想知道的秘密是：华为成功的秘密是什么？而且它们可以不可以学？

任正非的回答是："我认为：第一，华为没有秘密；第二，任何人都可以学。华为没有什么背景，没有什么依靠，也没有什么资源。唯有努力工作才可能获得机会，努力工作首先要有一个方向，这个方向就是为客户服务。"

在研究华为的资深专家吴春波老师眼里，华为有的就是两个字：常识。他所说的常识，也就是对常识的探索、对常识的敬畏、对常识的坚守。华为的历史是探索和运用常识的历史，是常识在塑造着华为，所以华为的成功是常识的胜利。常识是可信赖的，常识不需要再验证。但是敬畏和坚守常识又是痛苦和困难的，常识性错误是企业犯得最多的一种错误。

华为对常识的坚守表现在以客户为中心，能够经得起诱惑、耐得住寂寞等方面。

在以客户为中心方面，华为真正做到了：客户虐我千万遍，我待客户如初恋。比如 2011 年，日本"3·11"大地震发生时，大家都往外跑，而在东京的华为人却往地震中心走。

当时，余震不断，还有核辐射。东京代表处代表给任正非打电话，不敢说撤，问："我们怎么办？"

任正非说："这个世界上你能不能再找一个地方供 1.1 亿人口生存？"

代表说："找不着。"

任正非说："日本人都没地方可逃，你凭什么逃？"

于是，华为第一时间在日本恢复了 4G 网络准入的测试工作。过去，日本人对华为缺乏认可与信任。从那次大地震以后，日本人被感动了，认为中国企业是值得信任的。

在 2018 年孟晚舟无故被扣之后，华为日本代表处大手町办公室收到了东京都一名普通市民的来信，信中就孟晚舟无故被扣一事，向华为公司和员工报以声援。

信中写道：

世界上每天都在发生各种各样的事情，但对于住在日本的我来说，以前从未想过要通过写信的方式来表达自己的心情。

可是这次孟女士的事件，对我来说绝不是一件可以袖手旁观的事情。

为什么这么说？或许日本国内并没有太多的人知道，但我的一位住在宫城县的朋友告诉过我，2011 年东日本大地震时，其他公司都在撤退、逃离，只有华为，在危险还没有消除的情况下，毅然进入灾区，抓紧抢修被地震损坏的通信设施。

对华为这样一个能在那样困难的情况下为我们伸出援手的公司，无论有什么理由，这种不采取任何措施就直接动用国家力量单方面进行排除的做法，是背离做人常理的，让人感到非常悲哀、难受。作为一个日本人我感到羞愧。

另外，华为实事求是地遵循事物发展的规律，不骄不躁，厚积薄发。2020—2021年华为发明专利申请量每年超过1万件，这些专利都是华为实实在在的高强度研发投入的结果。华为这样的发展势头就是厚积薄发的结果。在过去二十多年间，华为按照《华为基本法》规定的"我们保证按销售额的10%拨付研发经费，有必要且可能时还将加大拨付的比例"制度加强研发投入。2022年，华为的研发费用支出占全年收入的25.1%。正是这样持续、大手笔的投入，才让华为有了今天的成绩。

华为也很早就明白人才的重要性。《华为基本法》第九条规定：我们强调人力资本不断增值的目标优先于财务资本增值的目标。

2019年，任正非在一次接受记者采访时表示，华为已拥有大量的科学家，包括700多名数学家、800多名物理学家、120多名化学家、6 000多名基础研究专家、60 000多名工程师等。2019年，华为启动了"天才少年"计划，面向全球招募顶尖人才。

在人才上，实事求是的态度是重视人才价值，高薪揽才。俗话说，便宜没好货，好货不便宜。在人才上同样如此。任正非常说的一句话就是：有了钱，不是人才也能成为人才。

如果大家留意过华为的成长数据就会发现，华为销售收入从100亿元到1 000亿元用了不到10年的时间，而从2014年开始至2019年，华为销售收入每年增长1 000亿元左右。很多人讲公司大了，基数大，增长乏力，而华为2014年后连续5年每年保持增长1 000亿元左右，着实惊人。2019年，华为遭受美国为首的西方各国的打压，华为在这么苦、这么被打压的情况下，依然实现了1 000多亿元的增长，销售收入达到8 588亿元。2020年华为出售了荣耀业务，销售收入依然达到了8 914亿元。

与销售收入相对应的是，2010年，华为首次进入世界500强榜单，到 2015 年，华为仅用了 5 年时间就升到第 228 位，2016 年升到第 129 位，2017 年升到第 83 位，2018 年升到第 72 位，2019 年升到第 61 位，2020 年达到第 49 位，2021 年位列第 44 位，2022 年降至第 96 位。

华为的发展证明了"种瓜得瓜，种豆得豆""一分耕耘，一分收获"的道理和规律。

（二）要打造百年基业，提升全球竞争力，中国企业必须要有自主创新能力

企业要培育核心专长与技能，做好自己，将命运掌握在自己手上。中国企业要想不被美国等西方国家"卡脖子"，自主创新是根本。

华为多年来在科研方面持续投入，也取得了丰硕的成果，但主要在应用层面，在基础科学的研究上还有很长的路要走。

任正非曾在采访中说："我们对自己基础研究的评价应该还不够满意，为什么呢？这 30 年，其实我们真正的突破是数学，手机、系统设备是以数学为中心，但是在物理学、化学、神经学、脑学等其他学科上，我们才刚刚起步，还是落后的，未来的电子科学是融合这些学科的，还没有多少人愿意投奔我们。"

企业要想未来不受制于人，还需要加大自主创新的力度。目前，中国企业要实现突破和创新发展还面临以下十大瓶颈。如果不解决这十大瓶颈，中国企业要真正实现创新发展是不可能的。

1. 非长期价值主义的创新思维

部分企业对创新的投入还是"耐不住寂寞"，急于求成，出现了不少病态的专利申请，知识产权量多质低，片面追求创新的规模，整个创新成果的市场转化率很低，不少成果难以推广和应用。如 2019 年，中国的国际专利申请量已经超过美国居世界第一位，但转化率却落在后

面。对中国企业来讲，应戒除浮躁心态，要从追求规模创新逐渐转向追求有质量的创新。

2. 不尊重知识产权

部分企业喜欢模仿、抄袭，原创与首创精神不足，所以现在不少企业技术转移多于技术创新，二次开发多于原创。在人工智能时代，企业不能将创新局限于商业模式与产品应用场景的体验，还是要加大研发投入，加大基础的创新研究力度。我们需要在底层技术和原创核心技术上发力，从应用性创新驱动真正走向硬科技创新驱动。

3. 创新投入不够

中国企业虽然每年在研发上的投入在不断加大，但是和其他国家企业相比还有比较大的差距。2022 年，世界 500 强企业的研发投入占收入比在 4% 左右，而据新华社报道，中国 500 强企业的研发投入占收入比只有 1.81%。企业要真正实现创新驱动就必须加大创新投入，提高创新的效能和质量。

4. 科学创新精神缺失

我们现在存在不少创新造假，科研部门骗资金、骗项目的现象。要实现真正的创新，骗资金、骗项目歪风必须刹住，要鼓励真正科学创新精神的涌现和发展。

5. 封闭式创新

创新处于小圈子、个体户的生态中，将自主创新异化为自我封闭，搞小而全，没有一个开放式的创新系统，不能有效利用全球化的创新资源，研发和创新的方法论滞后。未来，如何发展开放式创新与跨界融合式创新，整合全球创新资源，是中国企业创新发展必须解决的问题。

6. 创新文化缺失

一方面，对创新失败的包容度不够。创新的成功往往建立在失败的基础之上。从这一点来讲，我们需要提高对创新失败的宽容度与包容度。另一方面，对创新人才不够尊重。我们整个创新生态还不完善，科研经费的审计监督与科技创新的规律存在冲突，很多搞科技创新的科学家没有经费使用的自主权，没有技术路线的决定权。另外，知识产权保护不足，也是导致科研人员的创新动力不足的重要因素。

7. 创新成果的评价与衡量缺乏客观的标准

创新成果难以得到价值认可与回报，创新成果与资本之间难以找到合理的权益分配比例，研发人员的职业发展通道狭窄，对创新人才的中长期激励不足。

8. 企业研发组织的结构与管理模式落后

企业研发组织在结构、管理模式上都存在不少问题。其中研发组织机制僵化与非市场化最为突出。尤其是非市场化的流程与评价，导致现在很多创新不是市场导向，不是客户导向，而是为发表论文而创新，为专利而创新，或者为出专著而创新，或者为拿奖而创新，缺乏技术商人意识，缺乏创新的市场价值导向，在企业内部也缺乏部门和团队的创新协同。

9. 创新脱离底层逻辑

现在很多创新不是向善而是作恶，很多创新毫无底线地侵犯个人隐私。例如：有些企业利用大数据绑架消费者，剥夺消费者选择权；有些企业以科技创新的名义扼杀创新，形成垄断经营；甚至还有些企业利用人性弱点去开发满足人性中恶的需求的产品和服务。所以，中国企业要真正实现以创新求发展，还是要科技向善，体现人文关怀，使创新更有温度。

10. 创新的顶层设计缺失，系统创新能力不足

很多创新追求点的创新、个体的创新。产业互联网时代是融合创新的时代，更是一个系统创新的时代。中国企业要实现真正的创新，需要走向系统创新、融合创新。

（三）企业要发展壮大，永远需要自力更生、艰苦奋斗，这种精神不能丢

任何企业要是丢弃了自力更生、艰苦奋斗的精神，就会出现组织惰怠，从而让企业走向末路。

2020年5月19日，有员工在华为心声社区发帖倡导"学习'南泥湾精神'，艰苦奋斗，自力更生，打造'好江南'"。

2020年8月4日上午，有消息称，为应对美国对华为的技术打压，华为启动了意在规避应用美国技术制造终端产品的"南泥湾"项目。熟悉华为内部的人直言，用"南泥湾"命名这个项目，就是希望"在遭受美国的技术打压困境期间，实现自给自足"。

南泥湾精神是一种艰苦奋斗、奋力拼搏、自力更生、自给自足的精神。这种精神是华为需要的，也是所有企业需要的。

任正非曾说：没有什么能阻挡我们前进的步伐，唯有我们内部的惰怠与腐败。要杜绝腐败，惰怠就是一种最广泛、最有害的腐败，人人皆有可能为之，不要以为与己无关。置公司于死地的就是这种成功以后的惰怠。

自我批判、自我革命，
持续激活组织

中国共产党为什么能使整个组织保持肌体健康，生机勃勃，能自觉抵御外来病毒的侵蚀，不断提高组织自身免疫力？笔者认为，就是因为中国共产党在长期革命和建设实践中，形成了一系列持续激活组织、增强党的组织生机与活力的法宝和方法，包括批评和自我批评、党内民主生活会、干部整风等。

一、自我批判是解决党内思想矛盾的有力武器

马克思列宁主义认为批判是解决党内思想矛盾的有力武器。如恩格斯指出，党内批判"无疑会使许多人感到不愉快……这对于党来说，一定要比任何无批判的恭维更有益处"。恩格斯还指出："看来大国的任何工人政党，只有在内部斗争中才能发展起来，这是符合一般辩证发展规律的。"在马克思和恩格斯看来，正是党内的批评和自我批评所起的监督与推进作用，让无产阶级政党充满力量。

在马克思主义的指导下，加之中国几千年来优秀传统文化的影响，如"吾日三省吾身""闭门常思自己过"等修身养性思想的延续，一直以来，批评和自我批评都是中国共产党的优良传统，是增强党组织战斗力、维护党的团结统一的有效武器，也是保持党组织肌体健康的有力武器。

（一）批评和自我批评是解决人民内部矛盾的方法

作为中国共产党的创始人之一，毛泽东同志非常重视批评和自我批评。

随着批评和自我批评思想的发展，中国共产党人还逐渐摸索出批评和自我批评的方法论。张闻天在谈到自我批评时指出：

布尔什维克的自我批评应该成为我们党改善我们对于群众的领导方式的有力的武器。这种自我批评应该具体分析我们在领导群众中的经验，指出我们自己工作中的错误与缺点，使我们以后能够更好的领导群众。这种自我批评有它的时间性、特殊性与连续性。它一层深一层的向着取得领导群众的艺术的方向前进。自我批评的价值也就是在这里。

1937 年 9 月，毛泽东在《反对自由主义》中指出，积极的思想斗争是达到党内和革命团体内的团结，使之利于战斗的武器，号召每个共产党员和革命分子拿起这个武器。进行积极的思想斗争的方法就是批评和自我批评。

1942 年延安整风时期，毛泽东更是从多个层面阐明了批评和自我批评的理论问题。其一，批评和自我批评的宗旨或指导方针，是"惩前毖后，治病救人"。其二，批评者应有的态度是"知无不言，言无不尽"。其三，被批评者应有的态度是"有则改之，无则加勉"。其四，批评者的权利、被批评者的义务是"言者无罪，闻者足戒"。其五，批评和自我批评的公式是"团结——批评——团结"。毛泽东号召："批评是批评别人，自我批评是批评自己。批评和自我批评是一个整体，缺一不可，但作为领导者，对自己的批评是主要的。"

1943 年《中央关于继续开展整风运动的指示》把自我批评提到更高的高度："自我批评是马列主义政党的不可缺少的武器，是马列主义方法论中最革命的最有生气的组成部分，是马列主义政党进行两条战线斗争的最适用的方法，而在目前则是反对错误思想建立正确作风的最好方法。"

整风运动中，在中央和中央领导的各种倡导和号召下，中国共产党人开始进行自我批评，有很多人用日记的形式记录下当时自我批评的场景。

中国人民解放军高级将领王恩茂在《王恩茂日记》中描述了当时自我批评的部分内容："小组会议的优点是有许多同志进行了自我批评：赵安博同志批评自己怕羞，做工作不敢与主要负责同志协商，以致敌军工作没有很好的开展；孙国良同志批评自己游击主义、散漫；郑佳谷同志批评自己……对群众的态度不好；杨南贵同志批评自己因做地方工作，很久没有参加党的会议。"

职业革命家高鲁在他的《高鲁日记》中则重点描述了自我批评的效果，即通过自我批评产生了怎样的"灵魂触动"："晚上开生活检讨会。每人都把自己的优缺点谈一遍……为什么现在的缺点不马上改掉呢？熄灯哨子吹了，我睡在炕上久不能寐，想着自己的弱点应该怎样克服。"

1945 年 4 月 24 日，毛泽东在中国共产党第七次全国代表大会上作了《论联合政府》的报告，关于批评和自我批评，其中谈道：

> 有无认真的自我批评，也是我们和其他政党互相区别的显著的标志之一。我们曾经说过，房子是应该经常打扫的，不打扫就会积满了灰尘；脸是应该经常洗的，不洗也就会灰尘满面。我们同志的思想，我们党的工作，也会沾染灰尘的，也应该打扫和洗涤。"流水不腐，户枢不蠹"，是说它们在不停的运动中抵抗了微生物或其他生物的侵蚀。对于我们，经常地检讨工作，在检讨中推广民主作风，不惧怕批评和自我批评，实行"知无不言，言无不尽"，"言者无罪，闻者足戒"，"有则改之，无则加勉"这些中国人民的有益的格言，正是抵抗各种政治灰尘和政治微生物侵蚀我们同志的思想和

我们党的肌体的唯一有效的方法。以"惩前毖后，治病救人"为宗旨的整风运动之所以发生了很大的效力，就是因为我们在这个运动中展开了正确的而不是歪曲的、认真的而不是敷衍的批评和自我批评。

中国共产党通过批评和自我批评保持党的活力，达到固化而不僵化的目的，又在实际运作中不断强化批评和自我批评的纠错、斗争成分。尽管其间也不无曲折，但总的趋势是党越来越重视通过自我的反省及人际的互动激发思想斗争，达到思想统一的效果。

新中国成立后，毛泽东依然把批评和自我批评看作马克思列宁主义政党不可缺少的武器，是马克思列宁主义方法论中最革命的、最有生机的组成部分。

1962 年 1 月，毛泽东在扩大的中央工作会议上强调"批评和自我批评是一种方法，是解决人民内部矛盾的方法，而且是唯一的方法"，并主张实行民主集中制是开展批评和自我批评的基础。为此，在讲话中他号召党的领导干部要发扬民主，要启发人家批评，要听人家的批评，自己要经得起批评，应当采取主动，首先作自我批评。他还率先作了自我批评："我们这几年工作中的缺点、错误，第一笔账，首先是中央负责，中央又是我首先负责。"

（二）批评和自我批评是增强党的战斗力的武器

党的历代领导集体都非常注重利用批评和自我批评这个武器来增强战斗力。作为党的第一代领导集体代表的毛泽东同志对批评和自我批评的重视和有效运用前文已述，不再赘述。作为党的第二代领导集体代表的邓小平同志同样一贯重视批评和自我批评这个增强党的战斗力的武器。1956年9月，在党的八大上，邓小平同志强调说："为了保持党在马克思列宁主义基础上的团结和统一，为了及时地帮助同志克服缺点，纠正错误，必须大大发展党内的批评和自我批评。"

1977年12月，邓小平同志在中央军委全体会议上指出，党委内部要开展批评和自我批评，要有这种风气。邓小平同志主张，批评和自我批评应坚持马克思主义的思想指导，本着团结同志、纯洁党性的目的，实事求是地分析错误的实质和根源，扩大教育面，缩小打击面。针对一些党员不合格的问题，邓小平同志在十一届五中全会第三次会议上提出，要通过开展批评和自我批评解决这个问题。也是从十一届五中全会开始，党正式建立了党内民主生活会制度，这次全会通过《关于党内政治生活的若干准则》，规定"各级党委或常委都应定期召开民主生活会，交流思想，开展批评和自我批评"。

1981年6月，党的十一届六中全会通过了《关于建国以来党的若干历史问题的决议》。决议既对多年来的"左"倾错误和毛泽东晚年的错误作了科学的分析和批评，又坚决地维护了毛泽东思想的科学体系和毛泽东的历史地位，从而统一了全党和全国人民的思想认识，维护了全党的团结，为社会主义现代化事业的健康发展提供了政治保证。

随着改革开放事业的推进和国际国内政治局势的变化，1989年12月，江泽民同志再次强调党内领导人要带头开展批评与自我批评，他说："批评与自我批评是我们维护党的纯洁性、增强党的战斗力的武器，所有的党员都必须在党内生活中学会正确运用这个武器，领导干部更要以身作则，使党的优良作风放射出新的光彩。"也就是说领导干部在批评与自我批评活动中，要以身作则走在党员前列，起到先锋模范作用。只有党政领导带头开展批评与自我批评，党内一般党员才能放下心理顾虑，畅所欲言，才能营造出真正的民主氛围，各种有理、有利的批评才能被提出来。如果领导干部走过场，不主动、不支持，批评与自我批评就会成为一句空话，建设性的声音和建议就会消失，导致"万马齐喑究可哀"。

同时，江泽民同志强调党员、干部开展批评与自我批评要"以人为本"，走群众路线，要站在马克思主义的立场上，提高党性修养和理论修养，始终坚持"三个代表"，坚持"四自"的自我批评方式，即经常按照党章党规对照检查，规范行为，严于律己，做到"自重、自省、自警、自励"。

在 21 世纪，面对世情、国情和党情的新变化，胡锦涛同志在推进"三讲"（讲学习、讲政治、讲正气）教育时强调：执政党要带着现实问题进行批评和自我批评，必须针对党内存在的现实问题，有的放矢地开展，抓住重点，着力从世界观上解决好存在的突出问题，尤其是要解决好群众意见比较集中、反映最强烈的问题。要抓住问题的实质进行深入剖析，从思想上政治上划清是非界限。既要防止"空对空"，也要防止就事论事。同时，批评和自我批评需要边整边改，无论在学习提高阶段、自我剖析阶段还是开展批评和自我批评阶段，都要随时注意发现和解决问题，能改的一定要马上改，使每个阶段都真正成为领导班子和领导干部不断解决问题、弥补不足、完善提高的过程，成为边整边改的过程，让干部、群众实实在在地感到"三讲"教育带来的变化和进步。

（三）自我革命是治党的良药和武器

进入新时代，习近平总书记则将批评和自我批评丰富和深化为自我革命，并将之比喻为治党的"良药""武器"。他指出，"党内政治生活质量在相当程度上取决于这个武器用得怎么样""要让批评和自我批评成为党内生活的常态，成为每个党员、干部的必修课"。

党的十八大以来，习近平总书记围绕"自我革命"作过一系列重要论述。

勇于自我革命，从严管党治党，是中国共产党最鲜明的品格。2017年10月18日，在中国共产党第十九次全国代表大会上，习近平总书记指出：勇于自我革命，从严管党治党，是我们党最鲜明的品格。必须以党章为根本遵循，把党的政治建设摆在首位，思想建党和制度治党同向发力，统筹推进党的各项建设，抓住"关键少数"，坚持"三严三实"，坚持民主集中制，严肃党内政治生活，严明党的纪律，强化党内监督，发展积极健康的党内政治文化，全面净化党内政治生态，坚决纠正各种不正之风，以零容忍态度惩治腐败，不断增强党自我净化、自我完善、自我革新、自我提高的能力，始终保持党同人民群众的血肉联系。

勇于自我革命是中国共产党最鲜明的特色。2017年10月25日，习近平总书记在十九届中共中央政治局常委同中外记者见面时的讲话中指出：实践充分证明，中国共产党能够带领人民进行伟大的社会革命，也能够进行伟大的自我革命。我们要永葆蓬勃朝气，永远做人民公仆、时代先锋、民族脊梁。全面从严治党永远在路上，不能有任何喘口气、歇歇脚的念头。我们将继续清除一切侵蚀党的健康肌体的病毒，大力营造风清气正的政治生态，以全党的强大正能量在全社会凝聚起推动中国发展进步的磅礴力量。

2021年7月1日，在庆祝中国共产党成立100周年大会上的讲话中，习近平总书记强调：勇于自我革命是中国共产党区别于其他政党的显著标志。我们党历经千锤百炼而朝气蓬勃，一个很重要的原因就是我们始终坚持党要管党、全面从严治党，不断应对好自身在各个历史时期面临的风险考验，确保我们党在世界形势深刻变化的历史进程中始终走在时代前列，在应对国内外各种风险挑战的历史进程中始终成为全国人民的主心骨！

回顾中国共产党的百年历程，我们可以清楚地看到，在进行社会革命的同时不断进行自我革命，是我们党区别于其他政党最显著的标志，也是我们党不断从胜利走向新的胜利的关键所在。

这种自我革命建立在有效的批评和自我批评基础之上。我们党通过批评和自我批评，改变了过去人们不愿作自我批评，更不愿听别人的批评，难以正确评价自己，不能正确对待自己的缺点和不足的问题；也改变了不敢批评，不会作实事求是的批评，因为批评上级怕被穿"小鞋"，批评同级怕伤和气，批评下级怕丢选票，故而人人明哲保身，人人圆滑自私，搞一团和气，"好人主义"思想泛滥的问题。

通过批评和自我批评，党保持了先进性和纯洁性，密切了与人民群众的联系，拥有了发现问题、解决问题和及时纠错的能力。

通过批评和自我批评，中国共产党成为了一个善于自我剖析、自我反思、自我革新、自我完善的党，成为了一个既能够立足自身又能够突破自我而不断发现和解决问题的党，成为了一个可以不断纠正工作和政策中的失误与偏差，保持先进性、纯洁性，最终能够永葆旺盛的生命力，从而跳出历史周期率的党。

党的建设历程反复证明，只要批评和自我批评开展得好，党的创造力、凝聚力、战斗力就会强，党领导的事业就会蓬勃发展；反之，党就会走弯路，革命和社会主义建设事业就会遭受损失。可以说，批评和自我批评既是我们党的优良作风，也是中国共产党区别于其他政党的强大优势。

批评和自我批评作为我们党的优良作风，也是一种组织建设手段，一代又一代的无产阶级革命家都极为重视批评和自我批评，陈云同志甚至强调"共产党员只有掌握批评和自我批评这个武器才可以不断前进""如果没有这一条，我们的党就搞不好"。

（四）如何系统地认识批评和自我批评

1. 批评和自我批评的对象

1942 年 11 月，在中共中央西北局高级干部会议上，陈云同志作了关于整党问题的讲话，认真开展自我批评是他重点阐释的四个问题之一。他指出，具体的错误才是批评的对象，而不是人。

2. 批评和自我批评的目的

邓小平同志指出，"我们不但要有自我批评的精神，还要有批评的精神，要反对那种庸俗的小资产阶级的自由主义态度。……当然，我们批评的目的是为了帮助同志，治病救人"。陈云也指出"批评的目的并不是出气，主要是在于真正帮助人家纠正错误"，需要"及时教育之，纠正之，说服之，使之从错误中求得教训，并且提高到原则上来认识"，强调批评和自我批评在于改进，并提升认知，是"帮助一些同志克服他们的毛病，挽救一些人，以免他们的错误继续发展"，而不是给他人穿小鞋，与他人过不去。

3. 批评和自我批评的必要性

由于认知的局限，人都会犯错误，尤其是面对大革命和社会主义建设的艰巨且宏伟的任务，错误更是在所难免。

党要在不同阶段实现不同的奋斗目标，就必须发扬批评和自我批评的优良作风，并反复提醒全党加以保持。党内存在的一个很大问题就是在是非面前不敢坚持原则，如果没有批评和自我批评，党就会受到威胁。

同时，批评和自我批评也是发扬民主的形式和手段，让大家能够发表意见。毛泽东同志指出："要发扬民主，要启发人家批评，要听人家的批评。自己要经得起批评。应当采取主动，首先作自我批评。有什么就检讨什么，一个钟头，顶多两个钟头，倾箱倒箧而出，无非是那么多。如果人家认为不够，请他提出来，如果说得对，我就接受……总之，让人讲话，天不会塌下来，自己也不会垮台。不让人讲话呢？那就难免有一天要垮台。"陈云同志则在 1962 年 2 月扩大的中央工作会议上指出，"发扬民主，经常开展批评与自我批评，都是我们党的老传统，只是这几年把这个传统丢了，现在要把它恢复起来"。

批评和自我批评也是保持团结的手段。毛泽东同志强调，"我们主张积极的思想斗争，因为它是达到党内和革命团体内的团结使之利于战斗的武器。每个共产党员和革命分子，应该拿起这个武器"。陈云同志则认为，"有不同意见不要避而不谈，有意见不谈，就对破坏团结负有责任。以为提了意见不好共事是错误的，经验证明，有意见就提，最后才能达到真正的团结，有意见不提反而不利于团结""如果鸦雀无声，一点意见也没有，事情就不妙"。

只有开展批评和自我批评，才能真正实现实事求是。陈云同志认为，通过批评和自我批评，可以同时从主客体两个方面减少主观与客观的偏差：一方面，通过自我批评可以减少主观性，增加客观性，"要做到客观，首先要对自己客观，对自己客观了，就可以把人家也看得客观。开展自我批评，会使一个人更虚心、更客观"。另一方面，通过听取批评意见可以增加对自己和事物认识的客观性，"一般说来，看别人的毛病比较容易，看自己的毛病比较难""有很多事情还要认真听取别人的意见。因为我们自己的意见不一定是客观的，而别人对我们的缺点、错误可能会看得更清楚些，处理问题可能要更客观些"。

批评和自我批评也是党员不断克服怠惰、退化，保持党性的手段。党员"如果不从认识自己错误上求进步，装洋蒜，一定要跌觔斗"。"要做一个好党员，就要与自己作斗争，经常以正确的意识去克服自己的不正确的意识。这个思想上的斗争和斗争中的胜利，就是自己思想意识上的进步"，反过来，如果"自己不跟自己的错误意识作斗争，偷偷地容忍自己错误意识存在着，则错误意识就会发展，结果越错越远，终究会离开革命的队伍"。陈云同志将是否自觉开展批评和自我批评作为考察共产党员党性优劣的试金石。

4. 批评和自我批评的范围

批评和自我批评并不适用于一切场景，邓小平同志认为"党内的批评和自我批评能经常开展。党内不论什么人，不论职务高低，都要能接受批评和进行自我批评"。陈云同志则指出，"我们的批评是对待革命同志的。在敌人跟前，我们不能作自我批评。不能把党内处理问题的原则用来对待敌人"。

（五）如何开展批评和自我批评

1. 要有公心，坚持正确的立场

有公心，指批评和自我批评是为了组织利益，而不是为了个人利益。陈云同志指出，"共产党员参加革命，丢了一切，准备牺牲性命干革命，还计较什么面子？把面子丢开，讲真理，怎样对于老百姓有利，怎样对于革命有利，就怎样办"。

2. 态度谦逊，实事求是

在批评和自我批评的过程中，要客观看待自己，保持谦虚、力避骄傲，同时，坚持实事求是的原则，对的就是对的，错的就是错的。

3. 大处着眼，关注全局

批评和自我批评应该有所侧重，毛泽东同志就强调，"关于党内批评问题，还有一点要说及的，就是有些同志的批评不注意大的方面，只注意小的方面。他们不明白批评的主要任务，是指出政治上的错误和组织上的错误。至于个人缺点，如果不是与政治的和组织的错误有联系，则不必多所指摘，使同志们无所措手足。而且这种批评一发展，党内精神完全集注到小的缺点方面，人人变成了谨小慎微的君子，就会忘记党的政治任务，这是很大的危险"。

4. 勇于承认，重在改进

批评和自我批评的重点在于改正缺点，毛泽东同志指出："因为我们是为人民服务的，所以，我们如果有缺点，就不怕别人批评指出。不管是什么人，谁向我们指出都行。只要你说得对，我们就改正。你说的办法对人民有好处，我们就照你的办。'精兵简政'这一条意见，就是党外人士李鼎铭先生提出来的；他提得好，对人民有好处，我们就采用了。"陈云同志则指出，"要采取这样的态度：所有的错误要承认，讲得不对的可以批驳""要从错误中学习，就必须克服掩盖错误的倾向"。

5. 从领导做起，发挥示范效应

江泽民同志指出，"能不能经常地自觉地拿起批评与自我批评的武器，开展积极健康的思想斗争，是衡量一个领导班子是否坚强有力、一个领导干部是否具有一身正气的重要尺度"。习近平同志则强调，领导干部要敢于坚持原则，严肃地而不是敷衍地进行批评和自我批评，勇于坚持真理、修正错误。

6. 注重方式方法

邓小平同志强调："批评的方法要讲究，分寸要适当，不要搞围攻、搞运动。但是不做思想工作，不搞批评和自我批评一定不行。批评的武器一定不能丢。"批评和自我批评不是乱批一通，也不是不痛不痒，而是要有一定的章法，有相应的要求。习近平同志开出的"药方"是，批评和自我批评要"指名道姓讲问题、提意见、论危害"，要有"辣味"，让每个党员、干部都能红红脸、出出汗，防止批评和自我批评蜻蜓点水、避实就虚、避重就轻、一团和气，要"讲党性不讲私情、讲真理不讲面子"，"批评必须出于公心，不主观武断，不发泄私愤"。

7. 形成制度

各级党组织定期召开民主生活会，这是党员、领导干部开展批评和自我批评的组织生活制度。党通过制度引导党员、干部开展批评和自我批评，分清是非，坚持原则，根据"团结——批评——团结"的原则，严格要求，热情帮助，真正达到弄清思想、团结奋进的目的。

8. 用好历史经验

批评和自我批评的成功运用集中表现在几次大的整风运动中。中国共产党曾在 1942 年、1950 年、1957 年进行过规模较大的整风运动，其中延安整风最为著名。党的整风运动要求党员、干部以党的利益为重，服从上级机关领导，不搞小团体，反对个人主义或自由主义等错误倾向，重视马克思列宁主义的理论和实践，遵从群众观点和上级指示，艰苦奋斗，等等。这些要求成为党员自我批评的标准。在整风运动中，为了正确地解决党内矛盾，毛泽东同志制定了"惩前毖后，治病救人"的方针，以达到"既要弄清思想又要团结同志"的目的。在未来党的建设中，开展好批评和自我批评，用好这个有力武器，就要用好这些历史经验。

二、企业如何开展自我批判

在中国企业中，几乎没有其他哪个企业的自我批判比华为公司更深入、更持久，可以说华为公司的成长史就是持续自我批判的历史。下文中，笔者以华为公司为例分享企业应如何开展自我批判。

（一）企业家要有自我批判的精神

一个企业，一个组织，要是总背负着成功与辉煌的包袱，就会离死不远。

企业家，尤其是高层领导团队，要主动走出舒适区，要有自我批判精神。任正非虽然80岁了，但是他仍然保持着激情和奋斗精神，可以说突破了年龄上的局限，越老越有智慧。笔者认为：人不要做虾米，一红就死；要做红辣椒，越老越红，越老越辣。组织是生命有机体，和人一样，越到一定年龄靠的越是精气神，越老越要突破组织智障。对一些老同志来说，不要认为自己退休了，就自己给自己设限，这也不敢做，那也不敢做，要善于学习，要有创造能力，学会跟年轻人打交道。

任正非是军人出身，工作作风有时也很霸道，但任正非有很强烈的危机意识和自我批判精神。无论华为做多大，任正非都能做到低调务实，以谦虚的心态向一切优秀的人或企业学习。

华为的自我批判首先来自任正非深深的危机感。2001年，在华为发展势头正盛时，任正非却在内部会议上提出要为"过冬"做准备，并在内刊上发表了关于危机的著名文章《华为的冬天》。他提道："十年来我天天思考的都是失败，对成功视而不见，也没有什么荣誉感、自豪感，而是危机感。"2010年，华为在成为全球通信行业的领先者时提出管理转型。2011年，华为开始组织转型，并创造性地设计了"轮值董事长制"。正是这种危机感让华为始终懂得自我批判、自我调整，保持着企业发展应有的活力。

其实，华为经历的企业发展中的每一个重要节点都是自我批判、自我蜕变的过程。可以说自我批判是任正非的一种价值主张，也是他长期坚守的核心价值观。

中国人民大学吴春波教授长期追踪研究华为，梳理了多年以来任正非关于自我批判的文章以及关于自我批判的观点。

1. 自我批判的文章

- 1996 年，《反骄破满，在思想上艰苦奋斗》《再论反骄破满，在思想上艰苦奋斗》；

- 1998 年，《在自我批判中进步》《一个人要有自我批判能力》；

- 1999 年，《自我批判和反幼稚是公司持之以恒的方针》《自我批判触及灵魂才能顺应潮流》；

- 2000 年，《为什么要自我批判》；

- 2006 年，《在自我批判指导委员会座谈会上的讲话》；

- 2007 年，《将军如果不知道自己错在哪里，就永远不会成为将军》；

- 2008 年，《从泥坑里爬起来的人就是圣人》；

- 2010 年，《开放、合作、自我批判，做容千万家的天下英雄》；

- 2014 年，《自我批判，不断超越》《一杯咖啡吸收宇宙的能量》；

- 2015 年，《转发〈财经管理团队民主生活会纪要〉》《华为公司改进作风的八条要求（重申）》；

- 2016 年，《前进的路上不会铺满了鲜花》《华为，可以炮轰，但勿捧杀》《不分国籍、不分人种、万众一心，用宽阔的胸怀拥抱世界、拥抱未来！》；

- 2017 年，《任总在行政服务解决"小鬼难缠"工作进展汇报上的讲话》《要坚持真实，华为才能更充实》。

2. 自我批判的观点

- "20 多年的奋斗实践，使我们领悟了自我批判对一个公司的发展有多么的重要。如果我们没有坚持这条原则，华为绝不会有今天。"

- "没有自我批判，我们就不会认真听清客户的需求，就不会密切关注并学习同行的优点，就会陷入以自我为中心，必将被快速多变、竞争激烈的市场环境所淘汰。"

- "没有自我批判，我们面对一次次的生存危机，就不能深刻自我反省，自我激励，用生命的微光点燃团队的士气，照亮前进的方向。"

- "没有自我批判，就会故步自封，不能虚心吸收外来的先进东西，就不能打破游击队、土八路的局限和习性，把自己提升到全球化大公司的管理境界。"

- "没有自我批判，我们就不能保持内敛务实的文化作风，就会因为取得的一些成绩而少年得志、忘乎所以，掉入前进道路上遍布的泥坑陷阱中。"

- "没有自我批判，就不能剔除组织、流程中的无效成分，建立起一个优质的管理体系，降低运作成本。"

- "没有自我批判，各级干部不讲真话，听不进批评意见，不学习不进步，就无法保证做出正确决策和切实执行。"

- "只有长期坚持自我批判的人，才有广阔的胸怀；只有长期坚持自我批判的公司，才有光明的未来。自我批判让我们走到了今天；我们还能向前走多远，取决于我们还能继续坚持自我批判多久。"

- "使用批判的武器，对自己、对今天、对明天批判，以及对批判的批判。"

- "一定要把华为公司的优势去掉，去掉优势就是更（大的）优势。"

- "自我批判是拯救公司最重要的行为。"

- "倡导自我批判，但不提倡相互批评，因为批评不好把握适度，如果批判火药味很浓，就容易造成队伍之间的矛盾。"

- "自我批判不是为批判而批判，也不是为全面否定而批判，而是为优化和建设而批判。总的目标是要提升公司整体核心竞争力。"

（二）华为自我批判的维度

在华为，任何事情都可以作为自我批判的由头。华为自我批判的维度有：

1. 基于制度的自我批判

职位体系、任职资格体系、绩效评价、劳动态度考核等，都有自评环节，这就是对评价内容的制度性自我批判。华为规定，先自评然后由他人评价。自评就是自我批判。这种基于人力资源管理制度的自评，可以使员工的自我批判更有针对性、更有系统性以及常态化。

2. 基于事件的自我批判

华为会针对组织发展中出现的某一具体事件进行自我批判。2018年，华为发出对经营管理不善领导责任人的问责通报，并借机进行自我批判。华为通过对反映公司现实状况和运作状态的事件的自我批判，不断发现和揭示组织与人存在的问题，并以自我批判和批判为逻辑起点，持续地解决和优化这些问题。

3. 基于文章的自我批判

华为也常以内外部文章为引子，来触发公司内部的自我批判。

- 2009 年，发布《关于各级干部结合〈再谈"一虓二凶三骂人"现象〉文章的学习，开展例行自我批判工作的通知》展开自我批判。

- 2010 年，发布《关于组织学习欧洲大罢工案例的决议》，要求管理者进行反思。

- 2011 年，发布《我们还是以客户为中心吗？！》，围绕背离以客户为中心展开自我批判。
- 2016 年 9 月，《OPPO 和 vivo 的"人民战争"》引发公司消费者业务群的自我批判，截至 11 月 7 日，已有 620 名管理者提交个人学习心得，完成率为 99.2%；各二级部门及地区部共 26 个办公团队已全部落实集体学习。任正非在学习简报上亲撰按语："终端太伟大了。向一切优秀的人学习，真正敢批评自己已经是伟大的人了。不管你真谦虚、假谦虚，我真心地说你们伟大，你们是我们的希望，希望寄托在你们身上。世界一定是你们的。"
- 2016 年，华为蓝军发布《华为可以向云栖大会学什么》，针对阿里巴巴组织召开的云栖大会进行自我批判。
- 2017 年 1 月，任正非签发邮件转发了华为员工王盛青发表的一篇文章《少些浮躁，深入纵深——对业务现状的思考及改进建议》，要求各部门围绕此文进行自我批判。

4. 基于标杆管理的自我批判

标杆管理法是一种有目的、有目标的学习过程，通过学习其他标杆企业，企业重新思考和设计经营模式，借鉴先进的模式和理念，再进行本土化改造，创造出适合自己的最佳经营模式。

标杆管理的前提首先是自我批判。只有认清自己的现状，认清自己与标杆的差距才有可能进行标杆管理。

标杆有内部标杆、外部标杆，有竞争性标杆、职能性标杆、流程性标杆。针对这些标杆，企业可以进行基于标杆管理的自我批判。

在华为，一些重大管理变革如"五个一工程"、1130 日落法、美军组织、丰田管理、IBM 流程的引进，都是以标杆学习为先导的。

5. 员工对公司的批判

员工对公司的批判有很多。比如，2010 年，一篇题为《如果任总退休了，华为的好日子还能继续下去吗?》的帖子发布在华为心声社区上。又如，员工发表《华为反思十大内耗》《任老板，您要么就别来了，要么微服私访，不然挺扰民的!》等。对此，任正非指出：有人给公司提意见是公司的幸事。

(三) 华为自我批判的土壤

华为为什么能把自我批判做起来? 在笔者看来，主要有以下原因：

1. 华为创始人任正非带头

任正非把自我批判看作拯救公司最重要的方法，他不仅是自我批判的倡导者，实际上也是自我批判的践行者。2020 年 12 月 30 日，华为心声社区发布了任正非在企业业务及云业务汇报会上的讲话全文，并特意加了一段按语说："百花齐放，百家争鸣，任总属不太懂的一家。他经过较长时间的调研、访谈，提出了一些粗浅的看法，抛出一块'粗砖'，供探讨、批评、参考。"这一讲话在华为内部引起巨大反响，员工纷纷发表评论。华为的优点是：不要面子，敢于自我批判。任正非表示"不要脸的员工进步快"，在华为他最"不要脸"。他一直走在自我批判的前列。

一把手能够做到自我批判是在公司营造起自我批判良好氛围最关键的因素。公司上上下下都知道，任正非对自己的要求非常严格，他对自己的批判是很彻底的。任正非多次在高级干部的会议上讲，当他的某些工作出现问题和失误，他在自我检查时曾数次痛哭流涕。

很多人很难去想象一个大公司的老板会在下属面前这么深刻地检讨自己，然而这就是事实，就像他讲的"我若贪生畏死，何来让你们去英勇奋斗"。对自我批判，他同样身先士卒。

2. 组织保障

一件事情做得好不好，有没有组织保障非常关键。华为公司在作任何决策时都强调组织保障，一定要责任到部门、责任到人。

华为公司的自我批判组织保障有两个。一个是员工自我批判委员会。员工自我批判委员会是2006年成立的，并且在公司级自我批判委员会下设立了各级分委员会。公司级自我批判委员会由18位成员组成，任正非和轮值董事长都是这个委员会的顾问。它的职责是对全公司以及相关部门的自我批判制度建设与自我批判活动的有效实施和监督提供政策方向、政策指导，进行组织实施。

华为公司的另一个组织保障是道德遵从委员会（Committee of Ethics and Compliance，CEC）。它于2014年2月成立，这是一个实体部门，委员会下设道德遵从办公室（Office of Ethics and Compliance，OEC）。华为在全球建立了100多个道德遵从委员会。这个委员会的职责和公司的道德遵从、文化、干部培养、自我批判是相关的。道德遵从委员会和董事会、监事会一起构成了公司治理的"三驾马车"。对于各级员工自我批判委员会和道德遵从委员会，各部门的主要负责人就是第一责任人，这样自我批判和道德监督就变成有组织可控、责任明确、日程清晰的正式议程，而不再是随机开展。

3. 舆论引导

华为进行自我批判的平台是"两报一论坛"，即《华为人》《管理优化》和心声社区论坛。

《华为人》的定位是传播公司动态，传达公司精神，宣传内部的先进团队和人物事迹，树立学习榜样，提升员工凝聚力。它倾向于让华为人讲述自己的故事，同时它也不断地公开自己的不足，披露自己的错误，勇于自我批判，刨松了整个公司思想建设的土壤。

《管理优化》承载着诸如推动华为内部管理优化、管理进步的批判性功能，也正是这一点，让它在浩如烟海的企业内刊中脱颖而出。2015年，《管理优化》刊登了一篇题为《一次付款的艰难旅程》的文章，直指华为内部的财务审批流程太复杂、财务人员经常设阻力等。该文引来任正非的关注，任正非怒斥华为财务团队"颐指气使"，并以总裁办电子邮件形式发给华为董事会成员、监事会成员和全体员工。

心声社区被誉为华为的"罗马广场"，于 2008 年 6 月 29 日正式上线。华为员工自动享有该社区账号，可实名或匿名发言。外部人士以访客身份登录社区，能浏览部分开放的频道和内容。2014 年 8 月，心声社区全新改版，2016 年点击量超过 4 亿次。心声社区还推出 App 以及微信、微博等应用途径。心声社区有自我批判的专栏，里面很多文章都非常尖锐、深刻，但是任正非都允许把它们发布出来，要求大家去学习、去思考。其中有一篇文章建议"老板要么就别来了，要么微服私访"，任正非看到后让所有人去思考。诸如此类的文章还有很多。

任正非认为："心声社区总体是很健康的，让大家免费免责提意见，使华为文化得到普及理解。虽然大家在上面'胡说八道'，针对我们说的，有很多人来评头论足，但这些跟帖就是未来将星在闪耀。我不需要知道马甲背后是谁，但是我知道华为有人才。"

4. 制度保证

自我批判的落实还需要有制度保证。在华为，自我批判绝对不是搞个活动、仪式、运动，它是深入或者嵌入到华为的制度当中的。比如华为选拔培养干部的标准。当年任正非说过一句话，基本法审定通过以后，当公司搬到坂田总部的时候，要在总部的大门口立一块大石头，把下面的这句话刻在这块大石头上："一个企业长治久安的关键，是它的核心价值观被接班人确认，接班人又具有自我批判的能力。"

在华为，品德要求、自我批判是干部选拔要求的必备条件。

选拔后备干部有一个品德考评，主要考评两项内容，其中一项是自我批判能力。自我批判能力是一票否决制的，如果一名员工不具有自我批判能力，他就不能成为后备干部。在这样的制度保证下，自我批判才能真正成为大家的行为要求。

自我批判大会也是华为落实自我批判的制度保证。华为已经开过几次声势浩大的自我批判大会：1996 年市场部集体大辞职大会，2000 年中研部将呆死料作为奖金、奖品发给研发骨干大会，等等。

除此之外，华为还有民主生活会制度。华为的民主生活会一年召开一次，主题不一样，主要由道德遵从委员会布置，各级道德遵从办公室组织实施与监督。民主生活会是组织、原则、主题、实施、输出、评价、验收和后续改进的闭合循环体系。

2013 年，华为公司正式通过了《关于各级管理团队例行开展民主生活会的决议》，这个决议规定民主生活会在华为成为制度。各部门一把手是第一责任人，人力资源部主管是组织负责人，道德遵从办公室是监督责任人，真正使民主生活会变成了一种有组织的、可控的、责任清晰的、目标确定的日程，而不是坐下来说两句就完事。

很多公司的民主生活会名义上是自我批判，最后却变成了自我表扬，常用的批判就是那几句话——脾气不好、追求完美主义、对上级意图理解不清晰、对下级关心爱护不够等。

5. 自我批判的培训与引导

在华为新员工的培训教材中有一部分专门讲"自我批判，不断进步"，有 3 万字左右，分四章，包括在自我批判中进步、如何正确处理工作挫折、勇于自我批判、自我批判就是自我超越。可以说员工一进入华为就会在内心播下自我批判的种子，从而培养和形成自我批判的意识与习惯。

自我批判是华为的厉害之处。如果企业走不出自我批判、自我革命这一步，没有胆量正视自身的痼疾，害怕揭开伤疤或刺破脓包时的阵痛，就做不大，只能在山沟沟里打转转，见不得世面。要构建组织能力，企业必须突破自我批判的障碍，这样才能让企业和个人不断完善，迈向更高的台阶。

统一战线，
团结一切可以团结的力量

中国共产党的强大组织力量来自哪里？中国共产党力量的源泉，不仅来自内部，还来自外部力量与组织良性生态资源的整合。中国共产党能够在不同的时间、为不同的目标、针对不同的对象采取不同的策略，最大限度团结一切可以团结的力量，化消极因素为积极因素，减少中国革命和社会主义建设过程中的阻力，最终走向节节胜利。

一、合唱而非独奏

统一战线思想是马克思主义理论体系的重要组成部分。在《共产党宣言》中，马克思和恩格斯虽然没有使用"统一战线"一词，但是提出应该加强工人阶级内部的团结和统一、联合和支持一切民主政党、在同资产阶级和政党联合中必须坚持自己的阶级独立性等，专门论证了共产党和其他工人阶级政党联盟的重要性。

（一）团结一切可以团结的对象

马克思列宁主义中关于统一战线的论点为早期的中国共产党人所接受、吸收。1919 年，李大钊在《新纪元》一文中指出：劳工阶级要联合他们全世界的同胞，作一个合理的生产者的结合，去打破国界，打倒全世界资本的阶级。同年 4 月，他又在《每周评论》第 16 号上刊载《共产党宣言》第二章部分内容，并加编者按强调：宣言要旨在主张阶级战争，要求各地劳工的联合。

1922 年 5 月 23 日，陈独秀在《广东群报》发表的《共产党在目前劳动运动中应取的态度》中指出，中国"共产党、无政府党、国民党及其他党派在劳动运动的工作上，应该互相提携，结成一个联合战线

(United Front)，才免的互相冲突，才能够指导劳动界作有力的战斗"。

1922 年 7 月，党的二大通过了《关于"民主的联合战线"的议决案》，正式将建立"民主的联合战线"写进文件。

毛泽东同志结合中国革命的实际，认为：由于中国是一个半殖民地半封建国家，故"中国革命的敌人不但有强大的帝国主义，而且有强大的封建势力，而且在一定时期内还有勾结帝国主义和封建势力以与人民为敌的资产阶级的反动派"，革命的敌人是异常强大的，中国革命具有长期性。为了取得革命的胜利，必须"组织千千万万的民众，调动浩浩荡荡的革命军"，必须"团结一切可以团结的力量"。中国革命的这种特点，是任何资本主义国家的革命史中所没有的。

正是在马克思列宁主义的指导下，在对中国革命实际的切实把握下，中国共产党在百年的发展历程中，根据不同的目标和任务，建立了团结不同对象的统一战线。

跨入 21 世纪，我国进入全面建设小康社会、加快推进社会主义现代化的新发展阶段。全面建设小康社会、加快推进社会主义现代化离不开统一战线。江泽民同志指出："统一战线历来是为党的总路线、总任务服务的……进入新世纪，党对统一战线的基本要求是：高举爱国主义、社会主义的旗帜，团结一切可以团结的力量，调动一切积极因素，化消极因素为积极因素，为建设有中国特色社会主义的经济、政治、文化服务，为维护安定团结的政治局面服务，为实现祖国的完全统一服务，为维护世界和平与促进共同发展服务……只有坚持发展我们党领导的最广泛的爱国统一战线，团结全体中华儿女共同奋斗，实现中华民族的伟大复兴才更有成功的把握。"

2006 年 7 月，《中共中央关于巩固和壮大新世纪新阶段统一战线的意见》发布，作为指导新世纪新阶段统一战线工作的纲领性文件。文件指出：统一战线是我们党夺取革命、建设、改革事业胜利的重要法宝，是我们党执政兴国的重要法宝，是实现祖国完全统一和中华民族伟大复兴的重要法宝。巩固和壮大最广泛的统一战线，是我们党不断取得胜利的一条基本经验，是党和国家工作全局中一个极为重要的方面，也是新的历史条件下治国理政必须正确处理的一个基本问题。随着改革开放的深入和社会主义市场经济的发展，新世纪新阶段统一战线呈现出新的重要特征，具有空前的广泛性、巨大的包容性、鲜明的多样性和显著的社会性，已经进一步发展成为全体社会主义劳动者、社会主义事业的建设者、拥护社会主义的爱国者和拥护祖国统一的爱国者的最广泛的联盟。新世纪新阶段统一战线必须始终坚持党的领导，坚持为党和国家的中心任务服务，坚持高举爱国主义、社会主义两面旗帜，坚持大团结大联合的主题，坚持发扬社会主义民主，坚持求同存异、体谅包容，坚持"团结——批评——团结"，坚持以人为本、照顾同盟者利益等。要全面加强新世纪新阶段统一战线建设，推动统一战线事业蓬勃发展，使中国共产党同各民主党派和无党派人士的团结更加巩固，各民族的关系更加和谐，社会各阶层的关系更加协调，宗教与社会主义社会更加适应，大陆同胞和港澳同胞、台湾同胞、海外侨胞的联系更加密切，努力建设具有强大凝聚力和可持续发展的统一战线。要团结一切可以团结的力量，调动一切可以调动的积极因素，化消极因素为积极因素，为促进社会主义经济建设、政治建设、文化建设、社会建设服务，为促进香港、澳门长期繁荣稳定和祖国和平统一服务，为维护世界和平、促进共同发展服务。

（二）统一战线是夺取新时代新胜利的重要法宝

党的十八大报告指出："统一战线是凝聚各方面力量，促进政党关系、民族关系、宗教关系、阶层关系、海内外同胞关系的和谐，夺取中国特色社会主义新胜利的重要法宝。"

党的十八大以来，党中央把统一战线和统战工作摆在全党工作的重要位置，努力团结一切可以团结的力量、调动一切可以调动的积极因素，为党和人民事业的不断发展营造了十分有利的条件。

习近平总书记关于做好新时代党的统一战线工作的重要思想主要体现在以下几个方面。

（1）统战工作的本质要求是大团结大联合。2014年9月21日，习近平总书记在庆祝中国人民政治协商会议成立65周年大会上的讲话中指出：做好人民政协工作，必须坚持大团结大联合。大团结大联合是统一战线的本质要求，是人民政协组织的重要特征。人民政协要坚持在热爱中华人民共和国、拥护中国共产党的领导、拥护社会主义事业、共同致力于实现中华民族伟大复兴的政治基础上，最大限度调动一切积极因素，团结一切可以团结的人，汇聚起共襄伟业的强大力量。

（2）统一战线始终是中国共产党凝聚人心、汇聚力量的重要法宝。2021年7月1日，习近平总书记在庆祝中国共产党成立100周年大会上的讲话中指出：在百年奋斗历程中，中国共产党始终把统一战线摆在重要位置，不断巩固和发展最广泛的统一战线，团结一切可以团结的力量、调动一切可以调动的积极因素，最大限度凝聚起共同奋斗的力量。爱国统一战线是中国共产党团结海内外全体中华儿女实现中华民族伟大复兴的重要法宝。

（3）新时期的爱国统一战线是最广泛的爱国统一战线。2015年5月18日，习近平总书记在中央统战工作会议上指出：做好新形势下统战工作，必须正确处理一致性和多样性关系，不断巩固共同思想政治基础，同时要充分发扬民主、尊重包容差异，尽可能通过耐心细致的工作找到最大公约数。

（4）做好统一战线工作要坚持和完善中国共产党领导的多党合作和政治协商制度。2017年10月18日，习近平总书记在中国共产党第十九次全国代表大会上的报告中指出：坚持长期共存、互相监督、肝胆相照、荣辱与共，支持民主党派按照中国特色社会主义参政党要求更好履行职能。

（5）做好统一战线工作要全面贯彻党的民族理论和民族政策。2019年9月27日，习近平总书记在全国民族团结进步表彰大会上的讲话中指出：我们要全面贯彻党的民族理论和民族政策，坚持共同团结奋斗、共同繁荣发展，促进各民族像石榴籽一样紧紧拥抱在一起，推动中华民族走向包容性更强、凝聚力更大的命运共同体。

（6）新的统一战线需要切实做好港澳工作、对台工作、侨务工作。2019年9月20日，习近平总书记在中央政协工作会议暨庆祝中国人民政治协商会议成立70周年大会上的讲话中指出：要全面准确贯彻"一国两制"、"港人治港"、"澳人治澳"、高度自治的方针，引导港澳委员支持特别行政区政府和行政长官依法施政，发展壮大爱国爱港爱澳力量。要坚持一个中国原则和"九二共识"，拓展同台湾岛内有关党派团体、社会组织、各界人士的交流交往……要广泛团结海外侨胞，吸收侨胞代表参加政协活动。

总之，现阶段面对新形势，统一战线的建设与发展直接指向了民族复兴的历史伟业，统一战线进入一个新的发展时代，其历史使命是为实现"两个一百年"奋斗目标和中华民族伟大复兴的中国梦努力奋斗。

（三）建立国际统一战线

中国共产党不仅重视国内统一战线，还重视国际统一战线。早在20

世纪 40 年代，针对美国的世界霸权地位，毛泽东同志就提出过中间地带的看法，并以建立国际反美统一战线作为政策路线。20 世纪 70 年代，毛泽东同志又提出"三个世界"的理论，旨在通过依靠第三世界力量，联合第二世界力量，争取第一世界的美国，将苏联霸权主义最大限度地孤立起来。

三个世界理论中的"三个世界"的含义是：第一世界是指美国和苏联，它们是在世界范围内推行霸权主义的两个超级大国。第三世界是指亚洲、非洲、拉丁美洲和其他地区的发展中国家。第二世界是指处于这两者之间的发达国家，如英国、德国、日本、加拿大、澳大利亚等。

其中，第三世界国家最多，而且它们彼此之间大有差别。同时，由于第三世界国家往往采取中立的立场，因而从政治上把世界一分为三。毛泽东同志认为超级大国之间争夺世界霸权地位是世界局势动荡不安的主要根源，而第三世界国家是反对帝国主义、殖民主义、霸权主义的主要力量。

1973 年 6 月 22 日，毛泽东同志在会见马里国家元首特拉奥雷时说：我们都是叫作第三世界，就是叫作发展中的国家。

1974 年 2 月 22 日，毛泽东同志在会见赞比亚总统卡翁达时公开提出关于划分"三个世界"的战略："我看美国、苏联是第一世界。中间派，日本、欧洲、澳大利亚、加拿大，是第二世界。咱们是第三世界。""亚洲除了日本，都是第三世界。整个非洲都是第三世界，拉丁美洲也是第三世界。"

1974 年 4 月，邓小平同志在联合国大会第六届特别会议上发言，向世界全面阐述了划分"三个世界"的战略思想。

"三个世界"划分理论是毛泽东同志与时俱进地将国内革命斗争中形成的统一战线思想和经验成功地运用到当时国际关系实践中的结果。

在"三个世界"理论的指导下，在20世纪70年代异常艰难的国际环境中，中国逐渐走出恶劣的外交环境，成功地维护了国家的独立自主，保证了国家安全，为中国的发展创造出较长的和平时期，为中国崛起提供了良好的外部环境。

1979年3月，邓小平同志指出："毛泽东同志在他晚年为我们制定的关于划分三个世界的战略，关于中国站在第三世界一边，加强同第三世界国家的团结，争取第二世界国家共同反霸，并且同美国、日本建立正常外交关系的决策，是多么英明，多么富有远见。这一国际战略原则，对于团结世界人民反对霸权主义，改变世界政治力量对比，对于打破苏联霸权主义企图在国际上孤立我们的狂妄计划，改善我们的国际环境，提高我国的国际威望，起了不可估量的作用。"

进入21世纪，面对人类共同的贫困、疾病、环境保护等问题，各国一起携手应对成为越来越多有识之士的共识。

2013年3月23日，国家主席习近平在莫斯科国际关系学院发表演讲，首次提出人类命运共同体理念。他指出："这个世界，各国相互联系、相互依存的程度空前加深，人类生活在同一个地球村里，生活在历史和现实交汇的同一个时空里，越来越成为你中有我、我中有你的命运共同体。"

2013年4月7日，国家主席习近平在海南博鳌出席博鳌亚洲论坛2013年年会开幕式并发表主旨演讲。他提出了牢固树立命运共同体意识的正确方向：勇于变革创新，为促进共同发展提供不竭动力；同心维护和平，为促进共同发展提供安全保障；着力推进合作，为促进共同发展提供有效途径；坚持开放包容，为促进共同发展提供广阔空间。

2018年4月10日，博鳌亚洲论坛2018年年会开幕。在题为《开

放共创繁荣 创新引领未来》的主旨演讲中，国家主席习近平对人类命运共同体的构建作出了"五位一体"的关键表述：政治上坚持对话而不是对抗，坚持结伴而不是结盟；安全上坚持共同、综合、合作、可持续的新理念；经济上坚持走开放融通、互利共赢之路；文化上推动文明互鉴；生态上树立绿色、低碳、可持续发展理念。

2020 年 9 月 30 日，国家主席习近平在联合国生物多样性峰会上通过视频发表重要讲话。他指出："中国将秉持人类命运共同体理念，继续作出艰苦卓绝努力，提高国家自主贡献力度，采取更加有力的政策和措施，二氧化碳排放力争于 2030 年前达到峰值，努力争取 2060 年前实现碳中和，为实现应对气候变化《巴黎协定》确定的目标作出更大努力和贡献。"

"人类命运共同体"思维，代表了人类社会未来可持续发展的正确发展方向，必将超越西方政客固有的"二元对立思维"，打破以美国为代表的西方所谓的抗中联盟，结合中国共产党的统一战线智慧，真正构建一个地球、一个世界"五位一体"的可持续发展的人类命运共同体。

推动构建人类命运共同体的理念，得到国际社会的积极响应和认可。2017 年 2 月 10 日，联合国社会发展委员会第 55 届会议协商一致通过"非洲发展新伙伴关系的社会层面"决议，"构建人类命运共同体"理念首次被写入联合国决议。2017 年 10 月 30 日，第 72 届联合国大会第一委员会通过了关于防止外层空间军备竞赛的两份决议，两份决议都写入了有关"构建人类命运共同体"的表述。

近年来，我国在推动国际合作、地区合作的实践中还提出了建立"中非命运共同体""澜湄国家命运共同体""中国—东盟命运共同体""中国—拉美命运共同体""亚洲命运共同体""上海合作组织命运共同体""网络空间命运共同体"等，得到众多地区和国家的认同和支持。此外，我国还有诸如打造"安全共同体""发展共同体""卫生健康共同体"等倡议和呼吁。许多国家尤其是"一带一路"沿线国家的政府、政党、政要以及国际组织都明确赞同"人类命运共同体"的提议，认为这是符合时代潮流的，也是将自身发展战略和建设规划融入"一带一路"建设进程中的鲜明路标。

纵观百年中共党史，可以说共产党是通过建立统一战线，凝聚了人心，汇聚了力量，获得了人民的支持，从而无往不胜的。2021 年 11 月 11 日中国共产党第十九届中央委员会第六次全体会议通过的《中共中央关于党的百年奋斗重大成就和历史经验的决议》指出：坚持统一战线。团结就是力量。建立最广泛的统一战线，是党克敌制胜的重要法宝，也是党执政兴国的重要法宝。党始终坚持大团结大联合，团结一切可以团结的力量，调动一切可以调动的积极因素，促进政党关系、民族关系、宗教关系、阶层关系、海内外同胞关系和谐，最大限度凝聚起共同奋斗的力量。只要我们不断巩固和发展各民族大团结、全国人民大团结、全体中华儿女大团结，铸牢中华民族共同体意识，形成海内外全体中华儿女心往一处想、劲往一处使的生动局面，就一定能够汇聚起实现中华民族伟大复兴的磅礴伟力。

（四）建立统一战线的四个关键问题

一百多年来，中国共产党以马克思列宁主义统一战线的思想为指导，结合中国革命和建设的实际，围绕不同阶段的具体任务和目标，针对不同群体制定不同政策，吸引与团结不同对象，不断壮大自身力量，推动中国共产党不断走向胜利。笔者总结中国共产党百年来的统一战线历程，其经验主要有以下四点。

1. 统一战线必须基于共同的目标

毛泽东同志说："我们都是来自五湖四海，为了一个共同的革命目标，走到一起来了。"统一战线意味着要团结和联合不同的对象，差异性是统一战线的客观基础。不同的群体和对象之所以能团结和联合在一起，是因为有超出差异性的共同利益和目标。不管是第一次国共合作的北伐战争，还是第二次国共合作的抗日战争，抑或是爱国统一战线的民族复兴，无不展示了这一点。因此，没有共同的利益和目标，就不会有统一战线。

2. 统一战线的领导权是根本问题

在敌友政治的视野中，中国共产党有农民、知识分子、少数民族、海外华侨、民族资产阶级和一部分大地主大资产阶级及其党派作为朋友而建立统一战线、开展革命。而代表大地主大资产阶级的国民党统治集团，是同中国共产党争夺领导权的主要对象。中国革命的艰巨性以及革命进程的曲折性使中国共产党体悟到，领导权是统一战线的根本问题。无产阶级及其政党在统一战线中的领导权问题，也成为中国共产党统一战线思想的根本问题。

如果没有对统一战线的领导权，就无法控制统一战线的发展方向，就无法保证统一战线行进在正确的道路上，更无法保证统一战线目标的达成。

3. 统一战线需要分清敌友

统一战线的建立，关键是对敌友的辨别，尤其在革命战争年代更是如此。

在中国共产党的百余年历史中，党在每一个阶段都深刻把握了中国革命和建设的不同特点，并在动态的环境中，不断根据变化的形势，通过调研来分析、判断不同时间段的敌人与朋友，根据不同的对象，采取不同的策略，团结不同的群体。

4. 统一战线需要灵活的策略

中国革命的根本问题是农村、农民问题，巩固的工农联盟是中国革命取得胜利的基础。在中国革命和建设过程中，中国共产党根据不同的目标和任务，制定不同的政策，采取灵活的策略，以最大限度地团结一切可以团结的力量。

二、构建统一战线对企业的启示

（一）企业要有生态战略思维

企业的战略思维要从基于经验曲线的连续性的线性思维转向基于对未来不确定性洞见的生态战略思维，企业家不能埋头拉车、种地，要更注重洞察未来的趋势、变化与机遇。依靠旧地图，找不到新大陆，要勇于创新，走出经验的舒适区。企业要从有界行业转到跨界融合的社会化网络分工体系中去进行战略定位，从点、线、面、体四个方面去寻求生存和发展的位势。企业的战略选择不再是非对称性的单一聚焦，而可能是对称性的多选择、动态探索中的迭代聚焦。市场竞争不再是依靠"零和博弈"的二元对立思维，而是依靠利他取势、共生共存的生态圈思维。在笔者看来，未来的企业主要有三类：生态圈构建者，生态圈参与者或依附者，超生态连接者。

未来是产业互联网与物联网时代，企业需要有产业生态思维：从战略长度来讲，就要具有更加前瞻性的战略思维，站在未来看未来，走出经验曲线，勇于突破资源与能力局限，创新成长；从战略宽度来讲，就要具有跨界融合、开放无界、利他取势的战略思维，在社会化网络协同体系中找到企业的战略定位；从战略深度来讲，必须有全产业布局与产业整合、全球资源配置与运营的战略思维，必须站在全球化的角度整合人才，使得全球人才与智慧为我所用。

（二）开放合作，打造产业生态正成为企业新的战略选择

未来的企业要打造内外两大优势：一是内在核心能力优势，二是外部产业生态优势。未来的社会与市场是一个深度关联、跨界融合、开放协同、利他共生的，看似无序实则自然有序的生态圈系统。企业与企业之间，不是零和博弈的恶性竞争关系，而是竞合关系，是利他取势的关系。企业的战略思维要从零和博弈思维转变为利他取势的生态战略思维。生态战略思维的核心要点是开放合作、利他取势、跨界融合、长板优势等。这正是中国共产党统一战线法宝所倡导的基本原则。

目前出现了很多种新型组织，比如平台化组织、网络组织、蜂窝组织、混序组织、任务中心制组织、自组织等。其中，有的是从组织结构和形态来称呼的，有的是从组织流程来定义的，还有的是从劳动生产组织方式来概括的。但这些都是从某一个角度出发对组织变革的观察。综合来看，企业未来可能会更多引进生态战略思维，组织可能更多呈现出生态特征。在笔者看来，未来的企业主要有三类：

第一类是生态圈构建者，如阿里巴巴、华为、腾讯、小米等企业；

第二类是生态圈参与者或依附者，如小米的生态圈中的数百个参与企业、温氏食品集团股份有限公司（以下简称"温氏集团"）的产业生态赋能平台上的约 4.37 万户合作农户（家庭农场）；

第三类是超生态连接者，如某些细分或垂直领域的行业领袖与隐形冠军，其凭借独特的产品技术与众多生态企业连接、交互，成为超生态连接者。

生态系统的关键点是：每个生态者都是价值贡献者，都是围绕客

户去做有价值的事，依据各自长板与优势去找准自己在产业生态协同体系中的定位，并创造独特价值。比如阿里巴巴前总参谋长、现任学术委员会主席的曾鸣在《智能商业》一书中提到的阿里巴巴"点—线—面—体"的战略定位就体现了这一点。

按照曾鸣的说法，"点"指的是淘宝上的卖家以及卖家所需要的各种服务的提供者。"线"指的是企业的核心工作，即直接为客户提供产品和服务。品牌商属于"线"的范畴。"面"指的是平台或者生态型企业。"面"通过广泛连接不同的角色，使之合作协同，同时建立各种机制，促使全局利益优化。"面"的工作是帮助平台上的成员广泛连接，享受网络效应带来的好处。"面"通过匹配效率的大幅提升来创造价值，这是一种全新的商业模式，最典型的是淘宝。"体"指的是在不同角色复杂的相互作用中，新的机会不断在商业生态中消长，由面与面之间的合纵连横最终生成，它推动生态整体升级，向前发展。可以说，"体"是组织多年演化的结果。

"点—线—面—体"是一个完整的生态系统，各个角色相互依存，相互促进，共同演化。其中"面"最大的价值是为"点"提供了平台和展示的机会，最终促成交易与合作。反过来，"点"又可以提出对"面"的需求，促使其不断改进。"线"凭借"点"和"面"提供的能力和支持，对传统产品、服务以及供应链的管理体系进行降维打击。当越来越多的"点"与"点"相连成"线"，"面"也逐渐完备、繁盛，并给"点"和"线"赋能，共荣共生。而当越来越多的"面"与"面"之间逐渐形成显性或者隐性的关联时，就会形成新的商业机会，它可能是一个全新的物种，其势能往往足以冲击传统行业，比如阿里巴巴成立的本地生活服务公司，就是一个典型。

阿里巴巴本地生活服务公司由口碑平台和饿了么平台合并而来。口碑和饿了么的"点"是以餐饮为代表种类的本地生活服务商家，它们贴近每一个人的生活——买早餐的包子铺、公司楼下的咖啡厅等，所有人都看得见、摸得着、闻得到。"线"是能充分利用口碑和饿了么提供的多元的"点"的价值，快速地整合传统供应链的各种角色，更高效地提供整合服务，比如饿了么推出的网红餐厅榜单。

"面"是口碑和饿了么提供的平台。它的核心是尽可能地创造新模式，更广泛地连接不同的商家，不断改进用户体验等。

"体"是口碑和饿了么合并，并通过底层数据层面的打通，与其他平台产生关联，相互促进生长。比如目前在饿了么首页的"推荐"服务，就类似于淘宝的个性化推荐功能，可通过匹配商户和用户的属性标签，给出精准推荐。88VIP会员服务则将电商、饿了么、优酷等多项服务彻底打通，一站式满足用户消费及娱乐诉求。

口碑和饿了么能连接起数百万户本地商家，由此它们可以通过如水般的数据无缝接入阿里巴巴商业生态的各个入口，形成一池活水。例如，2019年9月，饿了么、口碑与盒马鲜生宣布，全国21城超过150家盒马鲜生门店将在当月全量上线饿了么平台。盒马鲜生在生鲜品类的服务既是对饿了么的重要补充，也将借由饿了么入口触达更多用户，与其形成共生关系，实现资源的充分有效利用。

另一个典型案例是海尔集团。2019年12月26日，在海尔创业35周年纪念活动上，海尔创始人、时任董事局主席及首席执行官的张瑞敏宣布，海尔进入第六个战略阶段——"生态品牌战略"阶段。

这一阶段的海尔精神为诚信生态、共赢进化，海尔作风为人单合一、链群合约。"链群"是海尔的首创，链是由小微及小微合作方共同创造用户体验迭代的一种生态链，这条生态链上的小微就叫"链群"。"链群共赢进化生态"，是"人单合一"模式下的新范式。

现在海尔已经从制造产品的企业转变为孵化创客的平台，它不仅仅是白色家电巨头，还是万物竞相生长的"创客森林"：不同的行业犹如森林中的一个个"生态圈"，上下游的创业小微和企业犹如"生态圈"中的动物、植物、微生物等，相互依存与协作，共同成长。

目前海尔的"生态森林"已经包含智慧衣柜、衣联网、食联网、智能化改造解决方案平台等，其细分出数万个应用场景，成为一个全新的生态系统。

其中，"智慧衣柜"可提供穿搭建议，定制模块提供个性化服装定制，香薰模块提供高端衣物护理。

海尔衣联网生态已覆盖服装、家纺、洗衣液、皮革等多个行业，包括服装品牌、家纺品牌、洗护用品品牌等。在海尔衣联网提供的智慧场景里，不仅有智慧阳台，还有智慧玄关、智慧衣帽间等场景，不少行业头部品牌均成为其合作方。

海尔食联网则通过研发智能蒸烤箱，与美食研发机构合作等，开发出了上百个半成品美食菜谱。

海尔正是因为没有把用户的个性化需求视为一个个孤立的信息片段，而是挖掘出背后的"需求图谱"，从而形成不同的消费场景，满足不同的消费需求，才最终形成"生态森林"。

（三）要破除二元对立思维，树立利他共生思维

你好我才好，成就他人，才能成就自己。企业对合作伙伴不应是吃干榨尽，而是要为生态赋能，让合作伙伴及生态参与者赚钱。

苹果公司与温氏集团之所以能成为各自行业里最赚钱的企业，就在于苹果公司能够让生态伙伴赚钱，温氏集团能保证让农场主赚钱。例如，遇到大的灾情，温氏集团勇于给生态平台上的农场主补贴，保护小

型农场主的利益。

小米的成功也是生态化战略的范例。小米用了8年时间做到销售收入约1 800亿元规模，除了依靠业界"牛人"组成的团队外，更重要的是它有领先的生态战略思维，即所谓的用互联网的思维去做实体经济。小米构建了一个产业生态——一套从产品设计到用户连接，从产品研发到供应链管理，从品牌营销到渠道建设和资本运作，全方位为产业生态企业提供服务、进行赋能的产业生态体系。参与到小米生态链中的有几百家企业，小米对这些企业持股均不超过20%，有的为5%，有的为8%，也就是说对小米而言这家企业在产权上可以不为我所有，但是必须在我的平台上运行。对于小米生态中的企业来讲，要么构建生态，要么参与生态，因为如果不能构建生态，那么只有参与生态，借助小米的产品设计、渠道、供应链，企业才能得到迅速的发展。

通过这种平台的构建、生态体系的构建，小米就不再仅仅是一个手机生产商，而是全球最大的消费性物联网平台之一。小米的核心能力第一个是大数据，因为所有的产品将来都是物联网的节点，都可以收集消费者的需求和使用数据，所有的数据都要回到小米的平台上来。未来像小米这种企业，最大的财富就是其所拥有的消费者数据，其可以通过消费者数据提高企业的算力，通过算力围绕客户需求提供全方位的产品解决方案，然后整合生态体系，为客户提供各种产品和服务。

同时，小米将"米粉"作为"编外员工"，让其参与到产品设计、市场推广以及新产品的研发过程中，又构成了一个人才生态圈。这样，除了物流生态圈、产品生态圈、信息生态圈，小米还有了人才生态圈。有时候，小米一款产品的研发可以发动数百万名网友一起来进行，研发完毕消费者当场可以下单,基本上可以实现先销售再生产,而不是先生产再把产品卖出去,这就是互联网时代新的商业模式——企业经营的是客户价值,而不再是所谓的产品。一家企业拥有的最大资产是消费者数据,是与消费者的连接,是跟消费者之间的交互。

再比如深圳百果园实业(集团)股份有限公司(以下简称"百果园")的发展是生态构建的又一范例。百果园给自己的定义不是一个简单的零售商,而是新零售商,本质上是一个以水果产品为核心的产业生态商。百果园提出要为消费者提供更好吃的水果,这就意味着其不仅仅是卖水果,也不仅仅是要解决渠道问题,更重要的是要打造好吃水果的产业生态。这就要求必须抓住六个产业生态要素:一是全球基地的连接,二是优选品种,三是保证生态种植,四是注意科学采摘,五是水果的物流运送链,六是严格的质量标准。

百果园这几年的生态布局,打造了三个生态。一是渠道生态,即构建了线上线下两大渠道。二是产品生态,即构建了一个优质的产品生态体系。三是赋能生态。赋能的前提之一是拥有高质量的数据。对于消费者需求、偏好这种数据,企业经过长期的积累,就拥有了消费者维度的数据。企业所需数据除消费者数据外还包括种植数据、科技数据等。百果园利用这些数据去赋能。例如,种植的赋能主要是帮助果农更好地生产,资本的赋能是为企业提升金融服务获取能力,服务的赋能是升级服务体系。至此,百果园完成了从传统的水果零售企业到产业生态构建者的转变,围绕着为消费者提供更好吃的水果的目标,进行产业生态链的连接、管理与赋能。

(四) 数智化时代,企业要整合内外人力资源

曾被誉为"全球第一CEO"的杰克·韦尔奇有句名言:在用人方

面，头脑里没有任何桎梏，完全打破等级、门户、辈分之见。任正非也这样描述：未来二三十年人类社会会演变成为智能社会，其广度、深度我们现在还难以想象。那么，如何面对一个具有不确定性的未来？我们认为，越是面对未来的不确定性，越需要探索和创造。谁来发挥创造力？主要还是依靠人才。企业要让人才在良性约束下自由发挥，创造出最大价值。这包含三个要点：一是炸开人才金字塔尖，与世界交换能量。所谓炸开人才金字塔尖，就是无限扩大外延，使内生领军人物辈出，外延天才思想云集。这样更多华为的商业领袖、战略领袖和技术领军人物能够不断站出来，使组织永葆活力。比如，任正非在 2019 年提出要从全球引进数百位天才少年，趁着时代的机遇，多吸收各国的人才。二是鼓励探索，宽容失败。要创新一定会有失败，只有对失败宽容，才能让人才放心地创新。三是英雄不问出处，贡献必有回报。以成果为导向，打破对人才论资排辈，提供宽松的氛围，推动人才做出贡献，同时也必须给人才以回报，建立激励与内驱力的良性循环。

（五）打造生态组织首先要有自身的"基石物种"

生物学中有一个概念叫"基石物种"。无论是在热带雨林还是在海洋，"基石物种"都扮演着枢纽的角色，它们的存在对整个系统有着远超过自身物种比例的作用。如果失去了这些基石物种，生态的多样性就会崩溃。比如海獭就属于"基石物种"，如果海獭在一个区域灭亡了，那个地方的所有其他生物都会受到影响。这是因为海獭死亡后，海獭平时捕食的生物会繁殖得比较多，平时与海獭争食的生物也繁殖得比较多，而以猎食海獭为生的生物因为食物来源受到了影响，所以繁衍能力也会受到影响。这样整个区域的生物都因为海獭种族的变化而受到了影响。

现在很多企业搞不了生态组织，就是因为缺乏"基石物种"（核心业务）和"中枢神经系统"（智慧管理体系）去协调各种"生物"（生态企业）之间的联系。

当然，企业打造生态组织不是一蹴而就的，而是需要一个过程。就像中国共产党要建立统一战线，要领导统一战线，首先需要自身有强大的领导能力，要先解决好自身的内部问题，企业如果自身的问题解决不好，是不可能建立有效的统一战线的。

百年中国共产党历史是一条奔腾的江河，有过波澜壮阔，有过静水深流，有过蜿蜒曲折。百年中国共产党历史也是一幅宏大的画卷，里面有太多的人，值得被铭记；有太多的故事，值得被传颂；有太多的经验，值得被借鉴。

目前研究中国共产党的书早已汗牛充栋。本书仅仅站在组织能力建设的角度，从宏大的画卷中略取些许片段，组成作者所理解的独特画面，呈现给读者，希望能够带给读者不一样的认知与理解。

本书两位作者都不是研究党史出身，更不是党史专家，只是在学习党史的过程中，为党的信仰所折服，为党的精神所激励，为党的做法所启发，从而有了把学习体会编撰成书的想法，以此让更多人去学习、了解和理解党的历史、国家的历史，从而反思、改善个人和组织的现状，使个人和组织有更好的发展。

在编写过程中，尽管我们努力保证所有资料的真实性、可靠性，但在浩如烟海的党史资料中，这点努力可能还是微不足道，书中难免有谬误和不足，祈望大家批评指正。

本书中的参考资料更多来自学者文献，在书末注明。

希望本书能帮助各位读者重温中国共产党组织能力建设的最优实践，深切领会习近平总书记提出的学史明理、学史增信、学史崇德、学史力行；帮助各位读者在党史学习中，明白中国共产党百年不衰的道理，为推动中国企业的组织能力建设和高质量发展提供无尽的智慧和力量。

参考资料

［1］陈晨，李华，吴鸿波．共产党在这里把"鬼子"感化成"八路"［EB/OL］．（2021-04-30）［2023-07-03］．https://www.chinanews.com/gn/2021/04-30/9467718.shtml.

［2］陈兰芝．批评与自我批评：保持党的先进性与纯洁性的思想武器［J］．理论导刊，2013（11）.

［3］陈丽凤．中国共产党工作作风的历史建构与基本经验［J］．马克思主义研究，2016（6）.

［4］陈松友，张俊龙．勇于自我革命：中国共产党百年辉煌的根本保证［J］．行政论坛，2021，28（3）.

［5］翟清华．中国人民抗日军政大学干部培养的历史经验［J］．军事历史，2016（1）.

［6］刁含勇．土地革命战争前期的中国共产党民主集中制新探（1927—1933）［J］．中共党史研究，2021（1）.

［7］丁俊萍，赵翀．党的组织建设：百年回望及经验启示［J］．新疆师范大学学报（哲学社会科学版），2021，42（3）.

［8］董振华，谷耀宝．论实事求是的思想路线［J］．理论学刊，2020（5）.

［9］窦红莉．改革开放以来社会阶层变化与党的统一战线理论实践创新研究［D］．西安：陕西师范大学，2012.

［10］段妍．毛泽东加强党的政治纪律建设的实践探索及现实启示［J］.

湘潭大学学报（哲学社会科学版），2021，45（1）.

［11］ 段妍. 中国共产党百年纪律建设的基本经验［J］. 马克思主义理论学科研究，2021，7（6）.

［12］ 冯新舟，蔡志强. 中国共产党百年纪律建设的基本经验与创新要求［J］. 福建师范大学学报（哲学社会科学版），2021（2）.

［13］ 高中伟，黄怡文. 中国共产党自我修复能力的历史呈现与生成逻辑［J］. 四川大学学报（哲学社会科学版），2021（3）.

［14］ 韩长代. 我党历史上的五次统一战线［N］. 学习时报，2020-08-21（A5）.

［15］ 黄道炫. 抗战时期中共干部的养成［J］. 近代史研究，2016（4）.

［16］ 姬文波. 略论新中国成立以来中国共产党对军队的绝对领导［J］. 当代中国史研究，2012，19（1）.

［17］ 姬晓凯. 中国共产党百年组织纪律建设的历程与经验启示［J］. 山西青年职业学院学报，2021，34（3）.

［18］ 贾立政. 实事求是：百年马克思主义中国化的基本经验［J］. 中国特色社会主义研究，2021（3）.

［19］ 贾丽云，李彦青. 西柏坡时期党的工作纪律建设及其当代启示［J］. 河北经贸大学学报（综合版），2016，16（4）.

［20］ 李春会. 加强党的组织建设的理论根基［J］. 人民论坛，2021（2）.

［21］ 李华文，陈宇翔. 实事求是：中国共产党思想路线的百年历程与马克思主义中国化［J］. 湖南大学学报（社会科学版），2021，35（4）.

［22］ 李江，任中平. 中国共产党政治纪律建设的百年演进历程及有益经验［J］. 学习论坛，2021（3）.

［23］ 李雨檬. "坚定正确的政治方向，艰苦奋斗的工作作风，灵活机动的战略战术"［J］. 党史博览，2017（9）.

［24］ 廖冲绪，张曦．特征、挑战与路径：新时代党的政治纪律建设［J］．贵州社会科学，2020（12）．

［25］ 刘定卿．抗美援朝的往事［M］．香港：中国文化出版社，2012．

［26］ 刘红凛．党的组织路线的百年历史演进与时代要求［J］．思想理论教育，2020（11）．

［27］ 刘吉．碰撞三十年：改革开放十次思想观念交锋实录［M］．南京：江苏人民出版社，2008．

［28］ 刘俊峰．中国特色社会主义统一战线理论及其创新发展研究［D］．长春：东北师范大学，2018．

［29］ 刘同舫．中国共产党百年历程中的哲学智慧［J］．四川大学学报（哲学社会科学版），2021（3）．

［30］ 刘统．专家：1948 年共产党战胜国民党的真正原因［EB/OL］．（2008-11-14）［2023-07-03］．https://news.ifeng.com/history/1/midang/200811/1114_2664_877714_6.shtml.

［31］ 柳宝军．中国共产党组织建设的百年实践及其基本经验［J］．探索，2021（3）．

［32］ 卢毅．"党指挥枪"建军原则的确立与发展（1927—1949）［J］．党的文献，2017（4）．

［33］ 马鑫．新中国成立以来中国共产党培养党政干部的基本思想［J］．甘肃理论学刊，2014（4）．

［34］ 孟亚凡．论实事求是思想路线的马克思主义哲学之根［J］．毛泽东思想研究，2020，37（4）．

［35］ 牛戈．皖南事变前后项英的表现，着实令人费解［EB/OL］．（2022-08-02）［2023-07-03］．https://zhuanlan.zhihu.com/p/157949208.

［36］ 潘祥超．李大钊与马克思主义中国化研究［D］．西安：陕西师范大学，2011．

［37］ 庞跃辉.中国共产党百年政治建党思想发展与深刻启示［J］.甘肃社会科学，2021（2）.

［38］ 彭剑锋.彭剑锋：没有哪种组织管理理论，能超越毛泽东的这8个字［EB/OL］.（2019–09–30）［2023–07–03］.https://news.hexun.com/2019-09-30/198727856.html.

［39］ 彭剑锋.彭剑锋：企业做大做强三大能力，你最缺的是什么？［EB/OL］.（2021–05–07）［2023–07–03］.https://baijiahao.baidu.com/s?id=1699086126639564281&wfr=spider&for=pc.

［40］ 彭剑锋.赢在组织：中国共产党百年不衰的奥秘［EB/OL］.（2021–07–01）［2023–07–03］.https://www.163.com/dy/article/GDQAI12D051181GK.html.

［41］ 彭剑锋.彭剑锋：抓6大要素，打造一个不依赖个人的伟大组织［EB/OL］.（2020–08–31）［2023–07–03］.http://www.iheima.com/article-307434.html.

［42］ 齐卫平.中国共产党组织建设百年历史实践纵论［J］.行政论坛，2021，28（2）.

［43］ 钱再见，高晓霞.领导与合作：中国共产党百年统一战线的动力之源与成功之道［J］.江苏省社会主义学院学报，2021，22（3）.

［44］ 钱再见."人心"与"力量"：统一战线的政治使命与治理功能：兼论新时代统一战线工作的着力点［J］.南京师大学报（社会科学版），2018（5）.

［45］ 任禀洁，解永强.延安时期党的统一战线工作的基本经验［J］.陕西社会主义学院学报，2018（4）.

［46］ 叶振谦.统 战线发展的历史阶段［J］.协商论坛，2013（5）

［47］ 宋梅英.解放战争时期中国共产党的统一战线理论和政策［D］.长春：东北师范大学，2008.

［48］ 孙喜保.国家电网公司积极探索建设充满活力的"生命体"班组

［EB/OL］.（2017-12-22）［2023-07-03］. https://news.sina.com.cn/o/2017-12-22/
doc-ifypxmsq9167565.shtml.

　　［49］　唐国军.“如果没有这一条,我们的党就搞不好”：重温陈云关于批
评和自我批评的重要论述［J］. 党的文献,2020（6）.

　　［50］　汪勇,王敏. 推进党的自我革命的四个向度［J］. 理论探索,2020
（3）.

　　［51］　王春玺,贺群. 中国共产党民主集中制建设的百年历程及主要经验
［J］. 新视野,2021（3）.

　　［52］　王建国.“党对军队绝对领导”的内涵演进［J］. 中共中央党校学
报,2016,20（3）.

　　［53］　王俊华. 胡锦涛统一战线法宝思想研究［D］. 重庆：西南大学,
2013.

　　［54］　王锐. 新时代加强基层党组织建设的着力点［EB/OL］.（2018-
06-06）［2023-07-03］. http://dangjian.people.com.cn/n1/2018/0606/c117092-
30038720.html.

　　［55］　王向清,谢红. 毛泽东的批评与自我批评理论及其现实价值［J］.
北京大学学报（哲学社会科学版）,2015,52（2）.

　　［56］　王玉堂,李祥彦. 百年党史视角下“为人民服务”思想的形成与演
进［J］. 中共乐山市委党校学报（新论）,2021,23（3）.

　　［57］　魏晓东. 中国共产党领导统一战线的历史演变［J］. 中共浙江省委
党校学报,2017,33（1）.

　　［58］　闻丽. 敌与友的变奏：中国共产党统一战线思想历史演进（1921—
1956）［J］. 统一战线学研究,2021,5（4）.

　　［59］　吴昌德. 保持党的先进性和纯洁性的锐利武器：学习毛泽东同志关
于批评与自我批评的论述［J］. 求是,1994（1）.

　　［60］　吴春波. 华为自我批判体系的形成、应用与作用机制［EB/OL］.

（2021-04-02）[2023-07-03]. https://zhuanlan.zhihu.com/p/360954745.

[61] 吴春波. 要进行自我批判，组织要到位：一文了解华为自我批判文化的精髓 [EB/OL].（2021-03-18）[2023-07-03]. http://www.chnstone.com.cn/research/wzygd/wzygd/202103184182.html.

[62] 吴志菲. 毛泽东对"个人崇拜"的态度演变 [EB/OL].（2013-11-14）[2023-07-03]. http://dangshi.people.com.cn/n/2013/1114/c85037-23539101-3.html.

[63] 武文豪，周向军. 毛泽东实事求是思想及其新时代意蕴论析 [J]. 中共云南省委党校学报，2020，21（6）.

[64] 徐广田. 习近平全面从严治党重要思想研究 [D]. 大连：大连理工大学，2019.

[65] 徐艳丽. 大疆、比亚迪反腐！民营企业的内部贪污和腐败，已是触目惊心！[EB/OL].（2021-05-10）[2023-07-03]. https://mp.weixin.qq.com/s/dWNV9R6LJLYoPAqwKilXkg.

[66] 许耀桐. 中国共产党发展民主集中制的百年历程 [J]. 社会科学文摘，2021（5）.

[67] 杨爱珍. 习近平对统一战线理论的创新与发展 [J]. 党政研究，2020（5）.

[68] 杨德山，朱一鸣. 中国共产党组织建设百年历史经验研究 [J]. 社会科学文摘，2021（5）.

[69] 杨军强，张先亮. 全面从严治党：批评与自我批评新探 [J]. 新疆师范大学学报（哲学社会科学版），2015，36（5）.

[70] 杨明伟. "团结、紧张、严肃、活泼"八个字的来龙去脉 [J]. 党史博览，2017（5）.

[71] 姚植传. 毛泽东多党合作思想研究 [D]. 北京：中共中央党校，2002.

[72] 叶子鹏，黄甄铭. 中国共产党统一战线的实践演进与历史规律：以

党史为中心的考察［J］.广西社会科学，2021（4）.

［73］尹韵公.毛泽东与早期红军的新闻宣传工作：兼论毛泽东军事新闻理论与实践的历史起点［J］.安徽大学学报（哲学社会科学版），2014，38（5）.

［74］俞铁成.2019中国多元化企业集团崩盘启示录［EB/OL］.（2019-12-25）［2023-07-03］.https://baijiahao.baidu.com/s?id=1653832395546963730&wfr=spider&for=pc.

［75］张德明.改革开放以来中国共产党的统一战线理论创新研究［D］.沈阳：辽宁大学，2016.

［76］张明军.关于20世纪五、六十年代党内个人崇拜若干问题的再思考［J］.湖南师范大学社会科学学报，2008（3）.

［77］张泰.民主集中制：中国共产党的制度优势、重要法宝和政治责任［J］.山东社会科学，2021（5）.

［78］张屹，王木林."党指挥枪"：全面抗战初期军队党的建设［J］.党的文献，2021（1）.

［79］赵士发，艾师伟.毛泽东实事求是思想与西方近代哲学资源［J］.毛泽东研究，2020（6）.

［80］周凯，王冲.论习近平总书记关于加强和改进统一战线工作的重要思想的内在逻辑和理论意蕴［J］.上海市社会主义学院学报，2020（6）.

［81］周振超，李英.制度自信与制度自觉：中国共产党对民主集中制的百年探索［J］.理论探讨，2021（3）.

图书在版编目（CIP）数据

赢在组织 / 彭剑锋，薛冬霞著. -- 北京 ：中国人民大学出版社，2024.3
ISBN 978-7-300-32319-0

Ⅰ. ①赢… Ⅱ. ①彭… ②薛… Ⅲ. ①企业管理－研究－中国 Ⅳ. ① F279.23

中国国家版本馆 CIP 数据核字（2023）第 215437 号

赢在组织

彭剑锋 薛冬霞 著

Ying zai Zuzhi

出版发行	中国人民大学出版社			
社 址	北京中关村大街 31 号		邮政编码	100080
电 话	010－62511242（总编室）		010－62511770（质管部）	
	010－82501766（邮购部）		010－62514148（门市部）	
	010－62515195（发行公司）		010－62515275（盗版举报）	
网 址	http://www.crup.com.cn			
经 销	新华书店			
印 刷	涿州市星河印刷有限公司			
开 本	720 mm×1000 mm 1/16		版 次	2024 年 3 月第 1 版
印 张	15.5 插页 2		印 次	2024 年 6 月第 2 次印刷
字 数	182 000		定 价	89.00 元